华中师范大学110周年校庆丛书

丛书主编／马 敏 黄晓玫

# 纵浪大化中

## ——二十一世纪章开沅在华师

ZONGLANG DAHUA ZHONG

ERSHIYI SHIJI ZHANGKAIYUAN ZAI HUASHI

◎ 陈建平 编

華中師範大學出版社

新出图证（鄂）字 10 号

图书在版编目（CIP）数据
纵浪大化中——二十一世纪章开沅在华师 / 陈建平 编
—武汉：华中师范大学出版社，2013.6
(华中师范大学 110 周年校庆丛书)
ISBN 978-7-5622-6196-4

Ⅰ.①纵…　Ⅱ.①陈…　Ⅲ.①章开沅 — 生平事迹　Ⅳ.①K825.81

中国版本图书馆 CIP 数据核字（2013）第 178926 号

书　　名：纵浪大化中——二十一世纪章开沅在华师
作　　者：陈建平Ⓒ
出　　版：华中师范大学出版社
地　　址：武汉市洪山区珞喻路 152 号　　邮编：430079
E-mail：hscbs@public.wh.hb.cn　　邮购：027-67861321
印　　刷：湖北新华印务有限公司
责任编辑：高　祥　冯会平
摄　　影：陈建平
封面设计：罗明波
责任校对：王　炜
督　　印：章光琼
开本 / 规格：1/16　787 mm × 1092mm
印　　张：15.5
字　　数：150 千字
版次 / 印次：2013 年 6 月第 1 版
定　　价：85.00 元

# 序

xu

《纵浪大化中——二十一世纪章开沅在华师》是我校资深摄影师陈建平先生编著的一本图文并茂的有关章开沅先生晚年参与学校各种学术、校务活动的照片集。在这本内容丰富的照片集中，陈建平先生以其精湛的摄影技术，生动记录了开沅先生虽年届耄耋，但仍不辞辛劳，以极大的热情参与学校各种活动时忙碌的身影，以及先生那种独有的大气、睿智、诙谐和极富人情味的典型瞬间形象。此书内容催人奋进，值得每个华师人一读。

“所谓大学者，非有大楼之谓也，有大师之谓也。”在林木葱茏的桂子山上，章开沅先生就是我们身边的大师。从上世纪五六十年代的“章开沅道路”，到八九十年代成就为辛亥革命史研究的权威、治校有方的大学校长，章开沅的名字始终与华中师范大学相联，百年华师厚重的文化底蕴造就了他，而他则成为华师精神的象征、桂子山上一张最亮丽的名片。华师因拥有章开沅、邢福义这样真正的大师而更加名扬天下。

当二十一世纪的脚步即将来临时，开沅先生已届 74 岁高龄，早已功成名就、享誉海内外。按理说，年事已高、早已从领导岗位上退下的他，完全可以享享清福，做做自己感兴趣的学问，让年轻人去忙碌了。但刚从海外长期访学和讲学归来的他，并没有停下匆匆的脚步，而是像年轻人那样，以饱满的热情投入了新的世纪。于是，便有了陈建平先生镜头下所展现的老骥伏枥、志在千里的二十一世纪的开沅先生。

在新的世纪中，开沅先生的生活是充实而忙碌的。尤其在 2011 年纪念辛亥百年活动期间，各种学术和采访活动有时甚至到了应接不暇的地步，以至先生笑称自己已经被“过度消费了”。据陈建平的记载，华师摄影组从 2001 年到 2011 年间，拍摄开沅先生参加科研工作之外的各类社会活动的次数竟达 100 次以上，平均每年超过 10 次。这还是摄影镜头所记录下来的活动，其他没有记录下来的各类活动，真不知还有多少。足见晚年的开沅先生为了学校事业的发展倾注了多大的热情和精力，作出了怎样不可磨灭的贡献，这种精神实在值得我们钦佩和学习！

照片集将章开沅先生这十年的活动影像按“学科建设与学术活动”、“文化产业建设”、“把世界引向华师”、“博雅育人”、“各界关爱”、“辛亥百年系列活动”六大板块来分类整理和介绍，应该说这种分类是独具匠心、大体合理的。本照片集基本上反映了开沅先生近十年来在华师生活与工作的总体风貌，同时又不乏各种生动的瞬间细节的记录，开沅先生的精神境界和内在人格均得到了准确的呈现。这是我们要感谢陈建平先生这位既“有心”又“用心”的专业摄影师的，也再次说明任何人只要有高度的职业精神并全身心地投入，就完全可以在平凡的岗位上作出不平凡的贡献。

开沅先生对华师的贡献是多方面、全方位的。作为他的学生，在我个人看来，就学校发展而言，开沅先生晚年最大的贡献之一，就是让华师走向世界，将世界引进华师。开沅先生曾认为自己在学术上最大的理想和贡献之一，就是努力把中国的辛亥革命研究引向世界，同时又把世界的辛亥革命研究引进中国。无论在治学还是在办学上，开沅先生都是具有世界视野和国际眼光的人，绝不局限于就中国看中国，而是始终将中国置于世界大格局中来思考，在中国与世界的关联中把握未来的走向，始终做到心胸开阔、目光如炬。在办学思想上，开沅先生作为老校长，于上世纪八十年代初就提出学校国际化的发展目标，并为此做了大量开拓性的工作。进入二十一世纪后，他不顾年事已高，仍孜孜不倦、四处奔波，为学校的国际化发展而不懈努力。鉴于历史原因,过去我校与美、英高校和相关教育机构交流较多、来往密切,但与东亚近邻国家的高校和机构反而缺乏实质性交流,在二十一世纪,开沅先生利用他的巨大学术声誉和良好的人脉关系,着重帮助学校推动了与日本、韩国的交流,取得了突破性进展,扩大了学校的国际影响。

最近十年中,我曾有幸与开沅先生一道出访日本、韩国的许多高校与机构,亲眼目睹了他以望八高龄,神采奕奕地参与各种外事交流活动的动人场景,通过广交朋友、广结良缘,为学校赢得了大量来之不易的国际合作机遇。正是在他的大力推动下,我校与韩国的基督教长老会大学、新罗大学、岭南大学、汉阳大学、首尔世宗大学、青云大学、又松大学等高校建立了密切的校际交流关系。同时,也是通过他的人脉关系,我校与日本的关西大学、创价大学、东京大学、京都大学等名校均有了密切的学术交流和校际联系,签订了一系列合作协议。同时,也正是由于他创建了中西方文化交流中心、韩国研究中心、池田大作研究中心、涩泽荣一研究中心等,一大批国外学术大师、名家纷纷来华师讲学和进行学术交流,使华师学子大开眼界,了解和接触到了国际最前沿的学术思想。

刚刚过去的 2011 年,时值辛亥革命 100 周年,应该是开沅先生晚年浓墨重彩的一次绽放,也是其学术成就的又一个丰收之年,最值得纪念。这一年,早已为此养精蓄锐多时的开沅先生以饱满的热情投入纪念辛亥百年的各种系列活动之中,除撰写了大量纪念和研究辛亥革命的文章外,他还不断地被邀请出席国内外各种重要的学术会议、报告会和纪念活动,不断地接待各色各样的来访者,不断地应邀对各种纪念活动进行指导,不断地接受中外各大媒体的采访……以至于人们暗地里不得不感慨:如此频繁的活动,连年轻人都吃不消,一位耄耋之年的老人到底是如何坚持下来的?是一种多么强大的精神力量和坚忍不拔的毅力在支撑这位可亲可敬的老人呵!

好在上述一切都多多少少地被陈建平先生的镜头记录下来了,可供我们去细细地品味、鉴赏、学习。

人生自古谁不老?但对于老,不同的人有不同的态度,有的人未老先衰,身心俱疲;有的人老而弥坚,活力无限。叶帅"八十述怀"诗曰:"老夫喜作黄昏颂,满目青山夕照明。"季羡林先生在"八十述怀"的散文中这样写道:"我从来没有想到,我能活到八十岁;如今竟然活到了八十岁,然而又一点也没有八十岁的感觉。岂非咄咄怪事!"终以陶渊明的一首诗相期许:"纵浪大化中,不喜亦不惧。应尽便须尽,无复独多虑。"章开沅先生对于老也有自己独立的思考:"人们已习惯于称呼我为'章老',我在生理上也确实是感到老态渐增。但是我认为,真正的学术与真正的学者,其生命应该是永葆青春并且必将溶入文化长河的永恒。"显然,这种对于年龄、对于人生抱持的豁达、乐观的态度,正是他能在晚年继续发光、发热,作出巨大贡献的内在精神源泉。

"纵浪大化中,不喜亦不惧。"让我们祝开沅先生永葆青春,越活越年轻!

馬敏

壬辰十月于华大家园淡泊斋

# 前 言

qianyan

2005年底，在章开沅先生80华诞前夕，老朋友张建平受章开沅先生之托，送给我一本《鸿爪印雪——章开沅的老照片》（以下简称《鸿爪印雪》）的画卷，并签有“建平存念 章开沅 2005.10.16”。一看，我为章先生拍的照片印在书的封面上，当时颇感欣慰。很多人为章先生拍过照片，其中不乏摄影大师和名记者，他却用了我于2001年为他拍的一幅照片做自己图书的封面，这是对我摄影技艺的认可，使我很受鼓舞。

得到《鸿爪印雪》这本画卷后我一口气把它读完，感想颇多。这本200多页图文并茂的画卷，开篇即以章先生的一次演讲——“历史寻踪”为代序，分别介绍了先生的家庭历史、学术生涯和人生追求，多层面展现了章先生的一生。章先生出生时和青少年时代是中华民族处于内忧外患、水深火热之中的年代。他家道中落，生活和求学道路十分艰难。他自己原来也没想过要做一名历史学家，是时代的需要选择了他，也正如他自己所说，是“先结婚，后恋爱”。从那时起，他便一步步地实现自己的人生追求，从“小我”到“大我”，把中国的辛亥革命研究引向世界，把世界的辛亥革命研究引入中国，进而推动华中师范大学向国际化方向发展。

《鸿爪印雪》一书以平和的笔调、人性化的表述、真实的画面，记录了章先生的生活历程，包括早年的坎坷经历，走上学术研究道路的艰辛岁月，作为校长的大展宏图和走向世界的辉煌，以及美满的家庭生活。我读完本画卷最深的体会是，章先生为南京大屠杀取证的学术研究成果和在日本为维护主权的抗争，有力地维护了史学家的立场和国家的尊严。该书最后一幅照片记录了章先生在我校百年校庆晚会“薪火相传”上高呼华师万岁的瞬间，充分体现了他的爱校情怀。该书具有非常丰富的内容和精神内涵，展现了章开沅先生的人格魅力，展示了华师的精神。从时间上讲，这本画卷记录的大部分内容发生在二十世纪，二十一世纪已经走过了12年，而章开沅先生的事业还在继续；从地域上讲，大多数事件不是发生在桂子山，二十一世纪以来，章开沅先生早已从领导岗位上退了下来，作为一名教师，以年迈之躯为学校做了大量的工作；从事物发展的因果关系来看，章先生早年播下的种子现已开花结果。

我是从 1979 年开始在华中师范学院从事摄影工作的，用照相机记录了改革开放 30 多年学校发生的巨大变化，见证了华中师范学院 3 届领导和华中师范大学 6 届领导的风采。章开沅教授是华中师范学院最后一任院长，同时也是华中师范大学第一任校长。我有幸记录了章先生在学校的部分光辉业绩。

二十一世纪以来，我们摄影组记者团队在 2001 年—2011 年间，拍摄章开沅先生参加科研工作以外的各类社会活动的次数达 100 次以上，平均每年超过 10 次。这些照片不仅记录了章开沅先生为学校发展和社会进步倾注的巨大精力，作出的难以估量的贡献，以及所产生的重大社会效益，还展示了先生的大气、幽默、诙谐、和蔼的瞬间形象。这些典型的瞬间形象极富艺术感染力，因此我萌发了编撰一本二十一世纪以来章开沅先生在华师参加各种活动事迹的画卷的念头，作为《鸿爪印雪》一书的续编。由于这些照片大多都是在活动现场拍摄的，因此可以采用纪实的方法来编撰。

通过整理章开沅先生的照片和相关文字，我有这么几点体会：

一、章开沅是理论联系实际的典范

章开沅先生通过对辛亥革命的研究，对武昌首义作出了精辟的论断，认为首义精神主要在于“首”和“义”。“首”即敢为天下先，“义”即共和之义。他多次谈到希望在湖北省及武汉市的发展上，能多些“敢为天下先”的精神，其实质也就是创新精神、进取精神和开拓精神。近年来，他在谈到武汉要腾飞、中部要崛起的问题时，又提出了“善为天下先”的见解。只有善为天下先，才能率先做出成果，引领潮流，实现跨越式发展。“敢”和“善”不仅是他的研究成果，也是他奉献给社会的至理名言，更是他自己的实践轨迹。无论是学术研究还是办学思想，都鲜明地彰显出他“敢为天下先”和“善为天下先”的理念。

在学术研究上，他是最早系统地研究辛亥革命的国内学者，也是中国早期现代化研究、商会史研究、教会大学史研究的先行者和开拓者。通过对教会大学史的研究，他发掘出了对南京大屠杀研究起实证作用的文献。正是由于他“敢”而且“善”，使他在所涉猎的科研领域都取得了丰硕成果，走在了学术界的前头。

在办学思想方面，章先生很早就提出了学校国际化的发展目标，并且拿出了切实有效的实施方案，团结各界人士，把事业扎扎实实地由小做大。2001 年开创的“章开沅东西方文化交流研究中心”和“章开沅东西方文化交流基金”，就是学校学术交流领域国际化的一个新起点。在 10 多年的发展过程中，该中心邀请了一批像巴斯蒂院士这样的国际学术大家到我校讲学，让我校师生能一睹大家风采。国际文化交流除了可以让青年学子学习知识、开阔视野外，还可以让青年学子向成功人士学习做人做事的经验。如今“章开沅东西方文化交流学术讲座”已经成为我校提升教学水平、开阔学生视野的重要国际化平台和品牌。

章开沅先生 2001 年开创的“韩国问题研究中心”，成立时只有几个人，章先生亲自担任第一届研究中心主任。摊子虽小，起步却最早，方向正确，它标志着我校与韩国的交往进入了新的历程。经过多年的努力，我校广结良缘，已与韩国的大邱岭南大学、又松大学、新罗大学、首尔世宗大学、青云大学等高校建立了密切的校际关系。

章开沅先生以史学家的眼光，不放过任何有利于学校发展的机遇。他关注校际间的合作，跟美国的雅礼协会、耶鲁大学，日本的东京大学、京都大学，我国台湾地区的政治大学、中原大学，我国香港中文大学等都建立了密切的关系。

章开沅先生关注学生的成长，除了教书育人外，还注重激励机制对学生成长的作用。他接纳海外赞助，在我校建立了“野泽丰奖学金”和“余家菊奖学金”；2011 年 6 月 3 日他又以自己的名义建立了 “章开沅奖学金”。这些奖学金使我校历史学科很多品学兼优的学生得到资助，历史文化学院的院长彭南生就曾是“野泽丰奖学金”的获得者。

上述章开沅先生做的每项工作都鲜明地彰显出“敢”和“善”的理念。

二、章开沅是理论服务社会的践行者

章开沅先生很早就在关注社会文化领域的研究与其服务社会的功能，提倡史学家不仅要研究历史，还要创造历史，大学应与当地政府合作。早在二十世纪八十年代他担任华中师范大学校长期间，就提倡一校一县模式，并与仙桃市建立全面的合作关系。二十一世纪以来，在章开沅先生倡导下，我校依托百年华师的学科优势，全方位、深层次地研究武汉地区社会文化的历史传统、资源状况和潜在的经济能量；立足武汉地区的经济、政治、文化和社会发展的客观需求，发掘武汉地区智力资源和科技文化资源；整合武汉地区人文社会科学的各方力量，为建设文明和谐的大武汉献计献策。他提出的“敢为天下先”成为武汉精神，已为世人所认同。在他的促成下，多期社会文化领域的研讨会在我校召开，多个与政府、企业联姻的文化产业研究基地在我校成立。经过历任学校领导与全校师生员工的多年努力，国家文化产业研究中心最终在我校落户。

章先生一贯注重校园文化建设，有人说：一流学校搞文化，二流学校建学科，三流学校创品牌。早在章开沅先生任校长期间，我校中文系就发起了“湖北省高校一二·九诗赛”。经过近30年的发展，“一二·九诗赛”已经成为湖北省高校校园文化最具影响力的赛事。虽然近年来章先生由于年迈，不再给本科生上课，但他始终不渝地关注我校校园文化建设和学校精神的弘扬。他不仅经常邀请一些大师级的学者到学校举办学术讲座，而且每年都抽空亲自为学生举办人文讲座，他深入浅出地向学生讲述治学做人的道理，这些道理的核心就是“忠诚博雅、朴实刚毅”。校园文化建设，本身就是一种博雅实践。

章开沅先生早已功成名就，有很多桂冠戴在他的头上，如教育家、史学家等。还有多个“第一”的名衔，如改革开放后华中师范大学第一个学者治校的校长，国家第一批重点学科带头人，第一批博士生导师，第一个喊出华师万岁，等等。这些都是事实，但如何解释他现在的作为？一位八十多岁的老人早应安享晚年，能够

1984年章开沅出席第一届一二·九诗赛　　陈建平 摄

做点学问，带带博士生已经很了不起了，但他仍然关注学校的发展，不遗余力地为学校发展辛勤奉献。这是为什么？我理解，这是先生历史使命感的体现。章开沅先生已经把自己融入了华师这片土地，成为华师精神的写照。

三、学习章开沅应从小处着手

十年来，我抽空整理章开沅先生的照片和文字，有很大的收获。

整理章开沅先生的资料，使我想起一些与先生接触的往事。我记忆最深的事情是，二十世纪八十年代，原国家教委主任、时任副主任的朱开轩在湖北省副省

长韩南鹏等领导的陪同下，到我校视察，当时作为校长的章开沅教授在行政楼二楼会议室的门口迎接领导一行。落座后，是章开沅校长坐在中间，朱开轩、韩南鹏等领导分坐两边。2006 年本科教学评估期间，某高校接待教育部评估组在湖南某高校借调的一个工作人员时拍了一幅合影照，此照片在互联网上引起热议。画面上这位年轻的女同志居中，十几位校领导分站两边，这幅照片在全国产生了很不好的影响。不少同学愤怒地把这件事告诉我，并让我看网上的照片和网民们发的帖子。我当即把章开沅校长接待领导的小故事讲给他们听，大家都为华师和华师人感到自豪。后来我把这件事说给章先生听，他只淡淡地一笑，说："不全是你说的那样，我与他们（指领导们）都是好朋友，我年纪比他们大一些，他们都很尊敬我。"其实在我看来，经过这么多年社会风气的变化，谁大谁小，已经不是年龄的概念了，而是官大官小的问题。遗憾的是，我当年拍的照片都交给了校档案馆，后来我两次到档案馆找这些照片，都没找着，没有实证作依据。由此可见，照片的实证作用是多么重要。

2006 年我随章开沅先生及中国近代史研究所的老师们到浙江省湖州市考察，湖州狄港村是章先生的老家，他们在这里进行了考察、调研、访友。在此期间，我给他们拍了很多合影照。拍照时，章先生总不愿坐第一排居中的位子，每次拍照总是往旁边让。有一次与当地的领导和乡亲一块合影，大家硬要他坐中间，他就是不肯，僵持之下，我也加入了说服的行列，合影才拍成。事后他问我为什么老是要让他坐那个位子。还告诉我说，他不是有大男子主义思想的人，那个位子应该是女士们的，不应该他去占。

随章开沅先生出行，还有一点使我非常感动：在整个行程中，上车、下车时他决不许任何人帮他拿东西，始终自己的包自己背，自己的事自己做。对此，整个中国近代史研究所的老师们都习以为常。由此可见，章开沅先生是一个极有尊严感的人，也使我想起了另一位浙江人——鲁迅。鲁迅先生就是一个傲上而忍下，极具人格精神的人，一个有风骨的人。章开沅先生何尝不是这样的人。鲁迅先生也好，章开沅先生也好，他们的思想境界和渊博的学识我们可能学不来，但他们为人的原则、对人的尊重、处事的方法，却是永远值得我们学习的。

下面谈谈《章开沅在华师》画卷编写的几点说明：

我在编写《章开沅在华师》画卷时，把摄影组拍摄的照片和收集的资料分成了几个板块来整理，分别是："学科建设与学术活动"、"文化产业建设"、"把世界引向华师"、"博雅育人"、"各界关爱"、"辛亥百年系列活动"。

"学科建设与学术活动"主要包括:章开沅先生主持或出席学校有关中国近代史研究的各种学术研讨会,以及章开沅先生将本学科的优势向其他多个领域拓展所发挥的作用,如道家道教研究、基督教史研讨、清史研究、中外教育研究等。

"文化产业建设" 部分记录了二十一世纪以来,在章先生的大力推动和影响下,在历任领导的努力下,发挥我校的学科优势,与各级政府、多家企业联手建立各种文化产业研究中心,并使国家文化产业研究中心落户我校的整个历程。

"把世界引向华师"部分记录了十多年来,章开沅创办的东西方文化交流学术基金举办的讲学活动; 章先生从 2001 年开始主持成立 "韩国问题研究中心"后,11 年来积极推进我校与韩国的校际交往所取得的成果; 章先生与日本学界、商界以及与欧美、我国港台地区的学界、商界的交往情况和成果。

"博雅育人"部分记录的是章先生多年来为学生举办报告会、演讲会;在学校百年校庆中参加各项文化活动;出席素质教育中心举办的活动,学校组织的音乐会等文化活动,以及在校园里与学生的亲切交流等内容。

"各界关爱"部分记录的是各级领导、同仁、学生等看望章开沅先生的情景,以及章开沅先生获得的各种荣誉。

"辛亥百年系列活动"部分记录的是自 2010 年—2011 年,章开沅先生在校内外出席的有关辛亥革命 100 周年的筹备活动、报告会、研讨会、论坛、接待来访者,以及被多家媒体采访的情况。

这六个板块的划分,不一定科学,也不一定合乎逻辑。每个板块都有教书育人、学术活动、促进学校发展等相互交叉的内容,但每一个板块都有强调的重点和因果关系。

章开沅先生的学问、精神境界博大精深,是华师乃至整个学术界的宝贵精神财富,由于自己的水平、能力及摄影的局限性,我对章先生的渊博学问和崇高品德可能把握得不到位,但我还是尽力把它们整理出来,一是作为记录华师辉煌的印证;二是树立一座学风与良知的丰碑,作为华师学子效法的榜样。

在本书编辑中,为了使内容更加完整丰富,采用了不少校报、师大在线的新闻稿,其中也包括章开沅先生的讲话稿(通过记录整理的)以及同事党波涛先生写的通讯、专访等,在此表示感谢!

陈建平

# 目 录

mulu

活动内容　　　　摄　影/文　字

## 一、学科建设与学术活动

| | 活动内容 | | 摄 影/文 字 |
|---|---|---|---|
| 189 | 章开沅在丁烈云、马敏陪同下观看“世纪日食” | | 陈希昌 |
| 190 | 章开沅入选“新中国成立以来感动荆楚人物” | | 刘 丽 |
| 191 | 校领导看望章开沅 | 愈文琪 | 陈希昌 |
| 192 | 珠海特区宣传部长黄晓东一行看望章开沅 | | 许欢欢 |
| 193 | 离退休工作处组织老干部、老教授踏青 | | 李 坤 |
| 194 | 湖北媒体集中采访章开沅 | | 韦燕梅 |
| 195 | 纪念新中国学位条例实施三十周年校领导看望国评博导章开沅 | | 葛宇飞 |

## 六、辛亥百年系列活动



## 后 记

# 学科建设与学术活动

这一部分主要记录的是章开沅教授在我校学科建设与学术活动中的事迹。他以中国近代史研究所的学科建设为依托，向其他领域拓展，包括参与重点学科建设项目“辛亥革命与中国近代社会”验收考察活动。在他的努力和推动下，一系列高级别的学术活动在我校举办，如基督教史编纂学术研讨会、“章开沅先生与中国近代史研究”学术研讨会、钱基博与国学研讨会、纪念夏道平诞辰100周年研讨会、近代中国社会群体与社会变迁学术讨论会、中国近代史全国研究生暑期学校、东北亚基督教运动比较研究会、纪念殷海光诞辰90周年学术研讨会、《荆楚全书》编纂开题报告会等。此部分还包括章开沅先生为学校的发展献计献策，出席学校组织的各种会议等的内容，以及他在学术上获得的奖励。

2001年9月4日章开沅在中国近代史研究所

# “辛亥革命与中国近代社会”验收获同意且得票第一

2001 年 10 月 15 日，章开沅参与重点学科建设项目“辛亥革命与中国近代社会”验收考察活动

2001 年 11 月 22 日章开沅在全国高校重点学科建设项目“辛亥革命与中国近代社会”验收中作补充发言

华中师范大学中国近代史学科，由于在辛亥革命史以及其他研究领域中所取得的突出成绩，在 1981 年获得全国首批博士学位授予权。1988 年，被教育部批准为全国首批重点学科。1997 年，通过教育部专家组评审，立项按照国家“211 工程”重点学科的要求进行建设。2000 年，中国近代史研究所被评为全国高等学校百家人文社会科学重点研究基地之一。2001 年，在全国高校重点学科评审验收中，“辛亥革命与中国近代社会”学科在同类学科中获得同意且得票第一。

# 我校学科建设成就获教育部专家组好评

2001 年 11 月 22 日，教育部专家组一行 9 人来我校对“九五”期间重点学科建设项目进行检查验收，他们对我校以重点学科为核心的学科建设成就予以高度评价，并就进一步加快学科发展提出了指导意见和建议。

教育部专家组组长原中国人民大学校长李文海教授、组员原华东师范大学副校长张瑞琨教授、中科院上海光机所所长徐至展院士、原中共中央宣传部理论局局长、社科院马列所所长靳辉明教授、北京大学副校长何芳川教授、原北京师范大学副校长王英杰教授、南开大学副校长陈洪教授及教育部直属高校办公室副主任牛燕冰等听取了我校“九五”期间学科发展情况的汇报。

我校“辛亥革命与中国近代社会”学科，三年来承担省部级科研项目 30 项，获科研经费 230 万元，出版专著 31 部，发表论文 300 多篇，获省部级奖励 15 次，并取得了“贝德士文献研究”系列、“中国近代史上的官绅商学”等标志性成果。

2001 年 11 月 23 日章开沅在重点学科专家评估组与我校学术带头人座谈会上发言

章开沅的著作

信息链接：章开沅新著作在美国出版

## 以铁的事实揭露日军南京暴行

华中师大报　2001 年 6 月 30 日

著名历史学家章开沅先生编著的《Eyewitnesses to Massacre：American Missionaries Bear Witness to Japanese Atrocities in Nanjing》一书近日由美国久负盛名的出版商 M. E. Sharpe 公司出版发行。全书共有 463 页，收录了当时在南京教会大学或教会工作的贝德士、费吴生、史迈士、华群等十位美国传教士的报告、家书、日记等原始文献。这些文献以大量第一手的目击材料证实了日军对南京平民所犯下的滔天罪行，是日本侵华罪行的又一铁证。近些年出版的关于南京大屠杀的著作很多，但为此书撰写前言的美国学者 Donald MacInnis 认为，这本书所收录的当时中国首都七周血腥恐怖中写就的第一手材料，比任何一本书都要“生动得多”。

这些文献是章开沅教授在耶鲁神学院图书馆发现、整理并公布于世的，他曾利用这些文献先后出版了《南京大屠杀的历史见证》(1995)、《南京——1937 年 11 月至 1938 年 5 月》（香港 1995）、《天理难容：美国传教士眼中的南京大屠杀》（1999），在海内外引起很大反响。目前在美国出版的这本即为《天理难容：美国传教士眼中的南京大屠杀》一书的英文版。

2001 年 12 月 8 日湖北省老教授协会成立一周年纪念大会会议现场

## 湖北省老教授协会成立一周年纪念大会在我校召开

2001 年 12 月 8 日，湖北省老教授协会成立一周年纪念大会暨老教授论科技兴鄂学术报告会在华中师范大学召开。湖北省委老领导陈明，省老教授协会名誉会长李尔重、韩南鹏、章开沅，省老教授协会顾问晏章万、王庆生，会长陶德麟、常务副会长姚宗干等出席大会，并在主席台上就座。

## 道家道教文化研究中心成立

2002 年 11 月 1 日，道家道教文化研究中心在我校历史文化学院成立。该研究中心由台湾三清道家道教文化基金会董事长黄胜得先生慷慨捐资，由著名学者、台湾大学教授、基金会台湾执行长陈鼓应先生和道家道教研究专家、历史文化学院熊铁基教授极力促成。

在中心成立大会上，章开沅教授发表了热情洋溢的讲话。他从宏观上阐述了道家道教研究的学术价值和现代意义，指出：道家道教在处理人和自然的关系上有潜力可挖。“9·11”事件以后，人们已经意识到个人命运与整个世界息息相关。道家道教文化中有许多有价值的东西，它们对于解决当代社会问题有重要的参考作用。道教虽是一种宗教，但教外人士对宗教的研究也很有必要。教内和教外的主要区别在于是否从理性出发，但他们有一个共同的目标，那就是发掘传统文化遗产，为人类的祥和、文明作贡献。在此大前提之下，矛盾是可以解决的。章开沅希望道教学界也是如此。

2002 年 11 月 1 日章开沅在道家道教研究中心成立大会上讲话

# 章开沅出席校历史学研讨会

2003 年 10 月 18 日章开沅出席我校举办的历史学研讨会

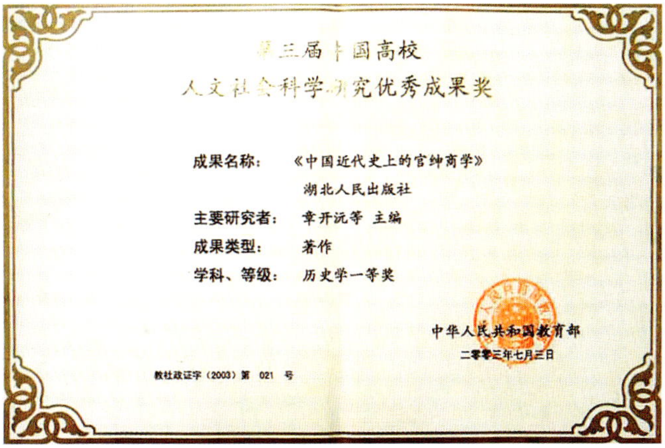

第三届中国高校
人文社会科学研究优秀成果奖

成果名称：《中国近代史上的官绅商学》
湖北人民出版社
主要研究者：章开沅等 主编
成果类型：著作
学科、等级：历史学一等奖

中华人民共和国教育部
二零零三年七月三日

教社政证字（2003）第 021 号

2003 年章开沅等主编的《中国近代史上的官绅商学》获教育部人文社科优秀成果历史学一等奖

# 奖励证书

章开沅 张正明 罗福惠 同志：

你的著作《 湖 北 通 史 》荣获湖北省第三届社会科学优秀成果一等奖。

特颁此证，以资鼓励。

湖北省人民政府

二〇〇三年十 月二十日

2003年章开沅等的著作《湖北通史》荣获湖北省第三届社科优秀成果一等奖

# 奖励证书

章开沅 田 彤 同志：

你的著作《 张 謇 与 近 代 社 会 》荣获湖北省第四届社会科学优秀成果一等奖。

特颁此证，以资鼓励。

湖北省人民政府

二〇〇四年十 月十八日

2004年章开沅等的著作《张謇与近代社会》荣获湖北省第四届社科优秀成果一等奖

# “中国基督教史的编纂：文献与方法”研讨会在我校召开

2003 年 10 月 23 日—24 日，“中国基督教史的编纂：文献与方法”研讨会在华中师范大学召开。章开沅教授就贝德士与中国基督教史研究的问题作了深入的分析和说明，对大家启发很大。

中国基督教史编纂的讨论在和谐愉快的气氛中进行，来自内地及香港的各所大学的教授就中国基督教史编纂的可行性、编纂的中心问题与设想、清代基督教史编纂的意义等问题展开了深入的探讨和研究。

2003 年 10 月 23 日章开沅在“中国基督教史的编纂：文献与方法”研讨会上发言

“中国基督教史的编纂：文献与方法”研讨会在和谐愉快的气氛中进行

## 章开沅主持华中师大博士学位授予仪式

2003 年 12 月 8 日章开沅主持学校博士学位授予仪式

博士学位授予仪式后，章开沅接受湖北教育电视台采访

# 学校召开办学思想与特色研讨会

2005 年 4 月 7 日章开沅出席我校办学思想与特色研讨会并讲话

2005 年 4 月 7 日上午，我校办学思想与特色研讨会在行政楼召开。老校长章开沅教授、原党委书记晏章万、党委书记丁烈云、副校长李向农等领导以及语言学系邢福义、物理学院刘连寿、历史文化学院熊铁基等知名老教授出席了研讨会。

章开沅教授发表了重要讲话，他首先指出中国大学要形成自己的特色必须依靠长期的积淀、积累，提到我校有三大特色：一、我们是当仁不让的百年老校，拥有长达 130 多年的历史；二、邓小平同志是我校的创始人之一，并为我校题写校名；三、我校是一所中西贯通、与国际接轨的学校。他还指出，百年老校具有一般大学所没有的亲和力，我校的校园文化丰富多彩，特别是各种社团活动，也是值得我们大力宣传的特色。在座的其他教授也纷纷发言，讨论教学评估将面临的问题及其解决方法。

2005 年 4 月 7 日我校办学思想与特色研讨会现场

## “和谐社会与媒体责任”研讨会在我校召开

2005年5月8日，由我校特聘教授陶宏开倡导，中共湖北省委宣传部、武汉市委宣传部和我校主办，湖北省新闻出版局、湖北日报报业集团、湖北省广播电视集团、湖北长江出版集团、武汉市新闻出版局、长江日报报业集团、武汉市广播电视总台协办的“和谐社会与媒体责任”研讨会在我校科学会堂隆重召开。

我校资深教授章开沅先生在开幕式上发表了重要讲话，他以历史学家的视野，向与会代表介绍了我校的历史。他说，新中国成立后，我校的老领导潘梓年被誉为中共第一报人，在抗战时期就是《新华日报》的主编；此外王自申、陶军等一批校领导都是党的第一代新闻工作者；本次“和谐社会与媒体责任”研讨会在我校召开，是再合适不过的了……章开沅先生的发言再一次彰显了华师精神。

2005年5月8日“和谐社会与媒体责任”研讨会现场

章开沅在“和谐社会与媒体责任”研讨会上讲话

“和谐社会与媒体责任”研讨会合影

## 史学大师章开沅与中国近代史研究学术研讨会暨喜度八十华诞

2005年10月16日，章开沅先生与中国近代史研究学术研讨会暨八十华诞庆典在华中师范大学桂苑宾馆隆重举行。湖北省政协副主席胡永继、湖北省委宣传部副部长李子林、湖北省社会科学界联合会党组书记马建中、武汉市市长李宪生、华师党委书记丁烈云、校长马敏等参加了章开沅先生八十华诞庆典仪式。来自海内外的学者和章门弟子200多人参加了学术研讨会及章开沅先生的八十华诞庆典。

胡永继首先致贺词，他说，值此我国著名学者章开沅教授八十华诞之际，我们举行章开沅先生与中国近代史研究学术研讨会，是一件十分有意义的事情。章先生从上个世纪50年代起，即对中国近代史上许多重大问题，特别是对中国早期资产阶级与辛亥革命、中国教会大学与东西方文化交流史以及南京大屠杀的历史等，做了非常深刻的研究。并就中国近代史研究的拓展与深化等问题，从理论上提出了许多真知灼见，对新中国的中国近代史学科的建立和发展作出了杰出贡献，其学术影

马敏教授向章开沅先生致贺词

湖北省政协副主席胡永继致贺词

隗瀛涛教授在大会发言

响远播海内外。我们在此讨论章先生的学术活动和史学思想，总结其治学经验，不仅是对这位德高望重的老学者的推崇与尊敬，而且也是推进我国中国近代史研究深入发展的需要。

马敏向自己的老师章开沅先生致贺词，他首先代表与会嘉宾和弟子们向章开沅先生祝寿，高度评价了章开沅先生对中国近代史学科创建与发展所作出的杰出贡献，对学校发展所作出的杰出贡献。最后他饱含深情地说："为了学生，章先生奉献了满腔热诚，不论是作为大学校长，还是作为学者，或作为一名普通教师，学生都始终是他最关心的对象。引导一个又一个各具特色的青年学者登上史坛，是他最大的赏心乐事。他不仅是我个人的导师和学术引路人，也永远是青年学生的好老师。"

马建中在贺词中说，章先生曾荣任两届湖北省社会科学联合会主席。其间，先生以高尚的人格、深厚的学养和卓越的领导艺术，团结、吸引、集聚全省广大社科工作者，为活跃学术、为促进社会科学的繁荣和发展、为湖北的改革开放和现代化建设作出了积极的贡献，赢得了湖北社科界的尊重和称赞，受到省委省政府的好评。倘若史学是连接过去、现在和未来之桥梁，章开沅先生就是参与建造这一宏伟桥梁的大师。

朱英宣读了教育部社政司以及部分海内外学者、章开沅先生弟子的贺电贺信。他们高度赞扬章开沅先生为中国史学的繁荣发展作出的杰出贡献，高度赞扬章开沅先生的博大胸怀、高尚人格和师德风范。他们认为，五十多年来，章开沅先生在中国近代史研究领域硕果累累，同时为国家培养出一大批栋梁之材，带出了一支深受学界赞佩的老中青结合的学者团队，他以自己崇高的道德、学问影响带动了年轻人的成长与发展。

朱英主持研讨会

湖北省社会科学界联合会党组书记马建中致贺词

野泽丰先生向章开沅先生赠送礼品

心理学家李绍崑向章开沅先生赠贺礼

开幕式结束后，章开沅先生接受了海内外友人和弟子代表赠送的生日礼品和贺联。日本骏河台大学教授、著名辛亥革命研究专家野泽丰先生向章先生赠送了一套特制的碗筷和日本折叠的裁纸；四川大学历史系教授、著名史学家隗瀛涛先生向章先生赠送了“文名播四海、桃李遍神州”的对联；著名学者李绍崑先生赠送了自己的著作和自己撰写的对联“天不生墨翟，中华无兼爱；地覆载你我，华中有开沅”；弟子李寿昆向老师章先生赠送了两件特制的景德镇瓷器、美术作品和对联以表示对老师的感激之情。



研讨会上，日本著名学者野泽丰先生和久保田文次先生、香港中文大

隗瀛涛教授向章开沅先生赠送贺礼

李寿昆教授向章开沅先生赠贺礼

徐思彦向章开沅先生赠贺礼

学梁元生教授、四川大学隗瀛涛教授、中山大学林家有教授、贵州社会科学院冯祖贻教授以及章先生的弟子们围绕“章开沅先生与中国近代史研究”进行了深入研讨。大家一致认为，章开沅先生是我国著名的历史学家，也是一位教育家和社会活动家。作为集才、学、识于一身，学贯中西的史学大师，半个多世纪以来，他在史学研究领域辛勤耕耘、开拓进取、建树丰厚，其宏著在海内外产生了广泛而深入的影响。他提出并倡导的构建中国特色、中国风格的历史科学，“重构史魂”、“重史求实”、“参与史学”等精辟论述和见解，得到史学界的广泛赞誉和认同。

香港中文大学历史系教授梁元生发言

华中师范大学周洪宇教授发言

中山大学邱捷教授发言

中山大学林家有教授发言

赵军教授发言

华中师范大学严昌洪教授发言

陶宏开、王玉德教授与会

章开沅夫妇出席研讨会

章开沅夫妇与来宾合影

章开沅夫妇与来宾合影

章开沅夫妇与他的首届研究生

章开沅夫妇与来宾合影

# 庆贺章开沅先生八十华诞仪式在华中师范大学隆重举行

2005年10月16日晚上6点，庆贺章开沅先生八十华诞仪式在华中师范大学桂苑宾馆举行，湖北省委宣传部副部长李子林、湖北省政协副主席胡永继、武汉市市长李宪生、我校党委书记丁烈云、校长马敏等领导和学者、弟子以及师生代表200多人参加。李宪生市长首先代表章门弟子向章开沅老师献花，祝老师健康长寿。

校党委书记丁烈云致贺词，他说，今天不仅是章先生值得庆贺的日子，也是师母和弟子们值得庆贺的日子，更是华师全体师生值得庆贺的日子。章先生为中国史学和学校的发展作出了重大的贡献，为国家培养了一大批杰出的人才。前不久，我校的近代史学科在全国重点学科评比中排在第一名，这为学校争得了极大的荣誉，我们感谢章先生，祝福章先生健健康康再为学校工作20年！

章开沅先生作了诚挚的答谢，他说："此时此刻，想讲的话很多，因为李宪生市长马上要离开，参加城市运动会的开幕式，我只用六个字说明我现在的心情：惭愧、感谢、高兴。大家这样夸奖我、鼓励我，但是我有自知之明，我是一个普普通通的教师。大家知道，我们这一代，大好时光浪费得太多，我从来不敢以人梯自喻，人梯之说大概由牛顿的名言引申而来，牛顿的原话是：'我之所以比别人看得远些，是因为我站在巨人的肩膀之

章开沅先生与中国近代史研究学术研讨会暨八十华诞庆典合影

上。’试问，如果是站在侏儒的肩膀上，难道也能看得比别人更远吗？我只是一颗铺路的石子，大家这样夸我，我有如坐针毡之感。今后，我这头老牛只有更加奋蹄，为学校、为国家、为整个人类尽一点绵薄之力。我没有想到，今天有这么多的高朋光临，大家都很忙，有的同志上午开完会就匆匆忙忙走了，还有音乐学院的艺术家和小朋友也来了，我非常感谢。最后是高兴，希望大家共同欢乐地度过这一晚，请大家多喝一点酒，酒是保证供应的。”章开沅先生的最后一句话把大家都逗笑了。

接着是简短而精彩的文艺演出，音乐系教授、国家一级演员赵刚为八十大寿的章开沅先生及来宾演唱了《您是这样的人》和《我的太阳》，博得了大家的齐声喝彩。弟子李寿昆特邀湖北省京剧团演员为老师献上了精美的京剧唱段。音乐学院的姑娘们则倾情演唱了美轮美奂的《南湖秋月》和金钟奖作品《一把菜子》。最后，章开沅先生的第一届研究生、我校素质教育研究中心主任陶宏开教授为老师献上了《同一首歌》，表达了所有弟子的心声，他还代表素质教育研究中心向章开沅东西方文化交流学术基金捐赠了一万元人民币。

演出结束后，生日蛋糕推出，章开沅先生和夫人幸福地吹灭蜡烛，全体来宾共同演唱“祝你生日快乐”，庆典宴会达到高潮。

章开沅先生八十华诞现场

党委书记丁烈云致贺词

章开沅先生作答谢

赵刚为章开沅先生献歌

开心地看表演

陶宏开贺寿

切生日蛋糕

# 先生授我锦囊策　独寻真知为大事

喜贺恩师章开沅教授八十华诞 李宪生

1999 年秋天，恩师章开沅教授在中国社会科学院近代史研究所 50 周年所庆集会上发表《参与的史学与史学的参与》一文，主张“尘封的历史需要揭开新页，备受冷遇的史学应该显示自己的价值，在火热的现实生活中发出更多的光和热”。文中“研究中创造历史，创造中研究历史”的史家精神对我触动甚大。其时，我正师从先生并正在营构自己的博士论文。作为生于斯、长于斯，或许将终老于斯的地道武汉人，我以《两次世纪之交武汉的对外开放》作为毕业论文开题。以此为题，一则迹循先生的研究思路，考量与自己物理距离最近的历史现实（先生对辛亥革命的研究卓然自成大家）；再则遵从“参与”、“创造”的谆谆师训，不敢稍懈。拙文对两度世纪之交的百余年间，武汉作为华中特大城市所经历的两次对外开放的环境、路径、效果进行比较研究，以温故知新。至今回想起华师三年的学习，恩师的指导，仍深感教益。

学问的精神与路径仅仅是门下弟子短短几年间的直观收获，为人与治事的通理却能让人受益终生。先生“悠游于治学与育人之间”(《光明日报》2003 年 9 月 5 日)的大家风范，老而弥坚，孜孜不倦的可敬精神愈益感佩时人、启迪后学。

如实评价李秀成使先生早年“因文获罪”，作为史家的他自有其史家之精神。司马迁以“究天人之际，通古今之变，成一家之言”的气概与抱负，秉承春秋笔法，为李陵辩护，触怒汉武，身受腐刑的他不畏强权、不辍笔耕，成就史学丰碑“史家之绝唱，无韵之

李宪生市长代表弟子向章开沅夫妇献花

离骚”。学问与时政常有的悖反，虽让史家罹难，亦使史家坚定。独寻真知的正直无畏和笑对人生让先生在辛亥革命史的研究领域开启一代先声。1979 年，先生在《辛亥革命史研究中的几个问题》中率先提出了“解放思想、拨乱反正”、“重新探索辛亥革命史研究前进的方向与途径”等观点，在国内外引起强烈的反响。1981 年，一部 3 卷共 120 万字的长篇巨著——《辛亥革命史》成为纪念辛亥革命七十周年国际学术讨论会上“最引人注目”的成果。它作为世界上第一部研究辛亥革命的通史性、综论性的大型专著，被称为“最能体现目前中国辛亥革命研究的观点、方法、水平”的权威性著作。国际辛亥革命史研究的中心从此回到了辛亥革命的首义之地。

耳顺之后，先生以“老牛自知黄昏至，不待扬鞭自奋蹄”的坦然自嘲与自励，拓展着研究视野，并不断取得新的成就：1989 年 6 月，他主持的“首届中国教会大学史国际学术研讨会”在汉召开，美国、加拿大、我国香港和内地的 30 余名学者交流了中国教会大学史研究各个方面的研究成果；先生与美国林蔚博士共同主编的会议论文集《中西文化与教会大学》，被视为“近代中国教会大学历史研究的一座重要的里程碑”；1994 年初，国内首家中国教会大学史研究中心在华中师范大学创建。

缘于对中国教会大学的研究，先生对贝德士档案的研究成为又一学术高峰。1988 年和 1991 年他先后两次赴美查阅史料，以大量的第一手资料，将文献中有关日军南京大屠杀的内容结成《南京大屠杀的历史见证》一书，在国际上首次详尽地揭露了日军在南京所犯下的滔天罪行，有力地驳斥了日本右翼分子的无耻谎言。1999 年，先生的贝德士文献研究的系列著作之二《天理难容——美国传教士眼中的南京大屠杀》出版，又一次反击了日本右翼分子掩盖历史罪行的企图。

先生不仅是一位杰出的历史学家，也是一位著名的教育家。忝列师门，先生时时让人感受到史家之淡泊宁静，处处让人感受到长者之风范可敬。桃李不言，下自成蹊。师从先生的本科生、研究生难以计数。在担负校长等行政职务期间，他鼓励学生不仅要学到扎实的专业知识，更要注重综合能力的培养。治学之时，先生常以孙中山“不要做大官，要做大事”来引领门人。先生常援我民族实业家张謇的传世名言：“天之生人也，与草木无异；若留一二有用事业，与草木同生，即不与草木同腐。”这平实之中交织着冲淡与奋进的箴言甚于千万次严苛的耳提面命。

“不要单纯埋怨社会不关心史学，而首先要问史学是否关心社会。要想让社会理解史学的价值，首先我们自己要真正理解史学的价值。”先生将史家视野超越时空维度的博大与厚涵，令屡历多岗的我品味到“做事先做人”、厚德载物的君子情怀，更让人获得了“把工作当学问做”（做学问的精神和态度做工作）。“章氏风格”的循循善诱不只是学者的门径引导，更是师长的人生馈赠。

章开沅先生标准照，摄于 2005 年 10 月 15 日，章开沅先生 80 华诞庆典前一天

# 章开沅出席教育部专家评估组座谈会

2005 年 11 月 9 日本科教学评估期间，章开沅出席教育部专家评估组召开的原校领导座谈会并发言

2006 年 7 月 21 日章开沅在华中师范大学历史文化学院承办的
香港教师中国历史教育高级研修班结业典礼上与学员互赠礼品

章开沅与第三期香港教师中国历史教育高级研修班教师合影

# 纪念辛亥革命95周年国际学术研讨会召开

2006年9月25日上午，由中共湖北省委宣传部、湖北省社会科学界联合会、中共武汉市委宣传部、华中师范大学、辛亥革命史研究会、武汉市社会科学界联合会、武昌辛亥革命研究中心举办的“纪念辛亥革命95周年国际学术讨论会”在东湖宾馆召开。

出席研讨会开幕式的领导有：湖北省政协副主席陈春林，中共湖北省委宣传部副部长李以章，原华中师范大学校长章开沅教授、华中师范大学校长马敏教授，湖北省社联副主席王定海，中共武汉市委宣传部副部长李强，武汉市社联主席方精华，国内知名学者陈昆满、邱远猷、冯天瑜、朱英等，以及日本学者涩泽雅英、宫崎黄石、高桥强、宫崎蕗苳、川崎高志等。

开幕式由湖北省委宣传部副部长李以章主持，华中师范大学校长马敏教授致开幕词，湖北省政协副主席陈春林发言。

研讨会为期两天，26号分小组讨论后，由朱英教授作学术总结。随后，与会代表参观中山舰。

纪念辛亥革命95周年国际学术讨论会现场

纪念辛亥革命 95 周年国际学术研讨会现场

章开沅与来宾留影

纪念辛亥革命 95 周年国际学术研讨会开幕式合影

# 起步早　观点新　影响大　我校辛亥革命研究成果卓著

党波涛　张高峰

今年是辛亥革命95周年纪念，湖北省举办了隆重的纪念活动，在全国产生了深远影响。我校以章开沅先生为带头人的辛亥革命史研究专家积极参与，建言献策，为一系列纪念活动的成功举办作出了极大贡献。章开沅教授主编的八卷长达800万字的《辛亥革命史资料新编》出版，为纪念辛亥革命95周年献上了一份厚礼。

二十世纪50年代，章开沅先生开始辛亥革命研究。几十年来，以章开沅教授为首的一批老中青学者，致力于辛亥革命研究，取得了为海内外学术界所瞩目的成就。章开沅先生不仅在辛亥革命有关课题的研究中提出了许多具有开创意义的真知灼见，为辛亥革命研究规划了一个总体方向；而且在组织研究队伍、指导研究方向等方面，也作出了重要贡献。我校的辛亥革命研究在章开沅先生的引领下呈现出前所未有的繁荣局面：研究队伍不断扩充，新人不断涌现，形成了稳定的学术研究团队；研究领域不断拓展，形成了多维立体的辛亥革命研究；学术交流不断扩大，影响远播海内外；学术成果丰富，精品佳作不断涌现。

我校中国近代史研究所在与海外的学术交流之中处于前沿地位，是将辛亥革命史研究推向国际的重要学术力量。“文化大革命”后，章开沅领导的辛亥革命史研究日益引起了世界学者的关注，1978年美国斯特格斯大学的高慕轲教授、威斯康辛大学的弗里曼教授、华盛顿大学的柯白教授和日本京都大学的狭间直树教授、中国研究所的北山康夫教授，先后来访或进行合作研究，这是中国的辛亥革命史研究面向世界的起点。中国近代史研究所的中青年学者延续了这一友谊与传统，也与海外学界建立了紧密的联系。章开沅先生及该研究所的努力，真正使我国辛亥革命史研究走向国际。

中国近代史研究所还大力推动创建学术团体，为辛亥革命史开辟研究园地。1978年底，章开沅先生与林增平、张磊等学者共筹中南地区辛亥革命史研究会。1989 年 6 月，武昌辛亥革命研究中心正式成立，章开沅先生被推选担任该中心理事会副理事长兼学术委员会主任委员，朱英教授为现任理事长。由辛亥革命史研究会、武昌辛亥革命研究中心及该研究所负责编辑的《辛亥革命史丛刊》，是国内最早创刊的以历史事件命名的大型研究集刊。该中心还办有《辛亥革命史研究动态》，定期发布辛亥革命研究的最新成果。

近年来，我校辛亥革命研究专家还积极参与武汉市文化建设，打造武汉文化品牌，在“武昌首义”文化资源保护研究与开发利用方面作出了突出贡献。前不久，严昌洪教授等辛亥革命研究专家积极参与完成了湖北省委宣传部重大项目“武昌首义文化资源开发利用的现状与对策”的课题研究。此课题重点研究了目前武汉存在的首义文化资源，包括物质的和非物质的，它们开发利用的状况如何，并提出了相应的对策，为省、市政府开发利用“武昌首义”文化资源提供重要的决策参考。

授予 章开沅、罗福惠、严昌洪 同志撰写的《辛亥革命史资料新编》“第六届湖北省社会科学优秀成果一等奖”。

二OO九年五月五日

2009 年 5 月 5 日章开沅等的著作《辛亥革命史资料新编》获第六届湖北省社科优秀成果一等奖

# 第四届全国青年史学工作者学术讨论会隆重召开

第四届全国青年史学工作者学术讨论会现场

2006年10月20日，第四届全国青年史学工作者学术讨论会在华中师范大学隆重举行。原中国人民大学校长、中国史学会会长李文海教授，原中国史学会会长金冲及教授，原华中师范大学校长章开沅教授，华中师范大学校长马敏教授，中国近代史研究所所长朱英教授等史学界的专家学者出席了大会。马敏致欢迎辞。

李文海在开幕词中指出，学术讨论会为青年人搭建了一个由他们来唱主角的平台，大家不仅可以交流学术心得，更可以在成长的途径和方法上相互学习、取长补短。他强调，在学术方向上，青年史学工作者最根本的是要不断增强实践史学社会功能的自觉性。

第四届全国青年史学工作者学术讨论会合影

# 章开沅出席校研究生会议

2007年1月15日章开沅出席学校研究生工作会议

# "钱基博与国学研讨会"在我校召开

2007 年 3 月 20 日上午，“钱基博与国学研讨会”在华中师范大学召开，来自全国各地的专家学者出席了会议。此次研讨会是由我校原校长章开沅教授筹划的，纪念钱基博先生诞辰 120 周年的系列活动之一。研讨会之前，《钱基博年谱》由我校出版社出版。

马敏校长首先致辞，对各位专家的到来表示热烈欢迎。随后章开沅教授追忆了早年与钱基博先生一起共事的时光，并高度评价了钱基博先生的国学造诣。

钱基博先生之孙、南京大学英语系前主任钱佼汝莅临研讨会，讲述了祖

2007 年 3 月 20 日钱基博与国学研讨会现场

父的一些轶事，并披露了许多鲜为人知的史料。

随后，众多专家学者先后发言，研讨会气氛热烈。钱基博不仅在其著述中构建国学框架，而且毕生都在从事经史子集及文学、文字学、校雠学等传统学术研究。“他在国学中的地位有口皆碑，早在民国年间，钱基博就誉满大江南北，是名副其实的国学大师。”

而当前部分学者拿国学当做秀、摆门面，也遭到与会专家的批评。著名历史学家章开沅先生对此一针见血地指出：学术“超男”、学术“超女”的出现，充分暴露了现在人们普遍渴望一夜暴富的趋利心态，“更有甚者，少部分其他领域的研究工作者，认为国学研究就是对中国传统学术进行研究。对国学不懂装懂，故弄玄虚，丝毫没有学者风范”。

左起：王玉德、钱佼汝、章开沅

# 纪念夏道平先生诞辰100周年学术研讨会召开

2007年10月12日上午，由我校中国近代史研究所、湖北经济学院主办，湖北省大冶市人民政府协办的“经济市场化与社会和谐——海峡两岸纪念夏道平先生诞辰100周年学术研讨会”在我校举行。资深教授、著名历史学家章开沅先生，统计学家、社会活动家柴松林教授，物理学家郭瑞年教授，校长马敏，省社科联副主席周庆章，省台办交流处处长徐元宏，大冶市领导黄治尧及专家学者60余人出席了此次研讨会。

研讨会由中国近代史研究所所长朱英教授主持。章开沅教授首先发表讲话，他描述了海峡两岸多年来在经济和文化上的交流情况，表示今后将会在海峡两岸的交流方面作出更大的努力，进一步促进两岸发展，推动两岸关系正常化。

夏道平先生家人以及生前好友郭瑞年、柴松林回忆了夏道平的生平事迹，总结其重要贡献。他们说，夏先生是知识分子的典型、社会运动的支持者、自由思想的启蒙者，也是人权的捍卫者，他鞭策台湾地区迈向自由、民主、法治与自由市场经济的大道，为台湾地区自由经济与民主政治注入强有力的生命力。他们提到希望能够把夏先生的思想和精神发扬光大。

海峡两岸纪念夏道平先生诞生100周年学术研讨会现场

章开沅在开幕式上讲话

海峡两岸纪念夏道平先生诞辰100周年学术研讨会合影

# “近代中国社会群体与社会变迁”学术讨论会

2008年8月21日至23日，“近代中国社会群体与社会变迁”学术研讨会在华中师范大学召开。此次会议由华中师范大学中国近代史研究所主办。原华中师范大学校长章开沅教授、华中师范大学校长马敏先后致词。来自全国学术界的近50名中青年学者齐聚一堂。中国近代史研究所所长朱英教授主持开幕式。

研讨会以“近代中国社会群体与社会变迁研究”为主题，围绕着近代中国社会转型理论研究、明清时期市民阶层研究、中国近代社会群体研究、近代中国与日本社会群体比较研究、近代中国与欧美社会群体比较研究、解放

近代中国社会群体与社会变迁学术讨论会现场

初期社会群体与经济组织研究等课题展开。此次会议先后共举行了九场学术报告。

在会议上，来自香港大学亚洲研究中心的李培德教授、中国社会科学院近代史研究所《近代史研究》主编徐秀丽教授、上海市社会科学界联合会《学术月刊》杂志社主编田卫平教授、上海师范大学的苏智良教授、华中师范大学中国近代史研究所的朱英教授、严昌洪教授等先后主持了学术报告会。华中师范大学历史文化学院院长彭南生教授主持了闭幕式。

章开沅在开幕式上致辞

近代中国社会群体与社会变迁学术讨论会合影

# 章开沅先生为暑期学校首讲《中国近代史研究的六十年》

2009 年 7 月 1 日上午，章开沅先生为暑期学校首讲《回顾与前瞻——中国近代史研究的六十年》。

章先生结合自身丰富的人生经历，回顾了新中国成立以来六十年间中国近代史研究走过的艰难历程。章先生既总结了中国近代史学界六十年来所取得的辉煌成就，也反思了六十年来特别是前三十年中，中国近代史研究受意识形态影响而产生的种种非学术化的问题。章开沅先生认为中国近代史研究目前的发展局面来之不易，他对未来的学科建设充满希望。

章先生强调，求真是史学的品格，历史的品格在于诚实，求真务实并非易事，需要艰苦卓绝的努力。章先生勉励青年学人，要进一步解放思想，不要畏首畏尾；认定之事、该做之事，就要做下去；不要迷信固有模式，要走自己的路。章先生对年轻学人充满信心，并寄予厚望。

针对学员的提问，章先生对生命的意义进行了解说和诠释。他指出，人离不开社会，作为社会的一员就要承担责任，人生的意义，不仅是为自己，更重要的是为他人；盘点人生的时候，感觉每天都是干净的，每天都在做有意义的事情，生命就有价值。

尽管章先生已届八十四岁高龄，但他仍以饱满的热情、幽默的语言演讲了两个小时，全体学员不时报以热烈的掌声。很多学员说这是他们第一次近距离听先生的报告，真真切切地感受到了先生的演讲风采和学术魅力。

章开沅兴致盎然地与学生讨论

2009 年中国近代史全国研究生暑期学校开学典礼合影

信息链接

从 2003 年开始，教育部通过立项方式，启动了研究生教育创新计划项目。全国研究生暑期学校是由教育部、国家自然科学基金委员会共同主办、联合资助的项目。具体来说，是在暑假期间，委托有关研究生培养单位，面向全国招收在校研究生和青年教师，聘请海内外学术水平高、教学经验丰富的知名专家、学者担任主讲教师进行讲学，学习结束后考试合格者由各培养单位给予认定学分。暑期学校已成为我国研究生教育领域的品牌项目。

承办此次全国研究生暑期学校，是我校进一步发挥中国近现代史学科优势，为国家中国近现代史人才培养作贡献，同时也是宣传我校学科建设和人才培养的机会。

# 东北亚基督教运动比较研究会在我校举行

2009 年 8 月 24 日东北亚基督教运动比较研究会现场

东北亚基督教运动比较研究会合影

2009 年 8 月 24 日 “东北亚基督教运动比较研究” 会后，章开沅与摄影组学生记者张宜俊、陈霞、尤龙宇、韦艳梅、鲁露合影

# 国家清史编纂委员会赠书仪式暨"清代历史文献整理与研究"论坛在我校举办

2009年11月30日上午，国家清史编纂委员会赠书仪式暨“清代历史文献整理与研究”论坛在华中师范大学举办。我校与中国社会科学院、武汉大学、中南财经政法大学、湖北大学等高校共20多名专家学者出席了论坛。赠书仪式上，国家清史编纂委员会将自2002年成立以来出版的主要清史书籍共计58种、319册、价值102752元，赠予了我校中国近代史研究所。校党委书记丁烈云对国家清史编纂委员会的赠书表示感谢，并对各位专家学者的到来表示欢迎。

国家清史编委会副主任马大正对我校所承担的清史编撰项目的完成情况给予了肯定。他说，多达3000万字的清史工程目前处在整改阶段，初稿完成了80%，预期到2012年完成。基于我校对于清史纂修工程的大力支持，加上中国近代史研究所创始人、老校长章开沅先生作为编委会的委员，我校得到了此次赠书。

章开沅感慨地说："以前查资料很困难，三五年可能看不全一种，现在很多都得到了出版，书店都可以买得到。可以说是取得了很大的进步，这是以前想都不敢想的。如今把资料送到面前，在这样的条件下，对于我们的研究工作提出了更高的要求。"他指出，清史的编纂不容易，它的完成将会是一个里程碑，必将得到千年万年的流传。因此，我们的研究要有始有终保质保量，不能自满自大，"我们都是小学生"，要认真谦虚，做出来的东西要合乎要求，不能为后期工作带来负担。

马敏说，清史编纂工程浩大，国家清史编纂委员会出版的六套大丛书，为研究者提供了很好的资料，可谓功德无量。他指出，历史研究要靠史料，没有史料的研究便是"无米之炊"。这些赠书对我校文献资料是极好的补充，为研究者提供了更多的便利。同时要意识到，研究视野要走出近代史，对清史乃至明史都要有所了解，这样才能做好近代史研究工作。他表示，我们一定要做出"经得住检验的工程"。

与会专家对于委员会的赠书行为给予了高度评价，认为此举对于共享研究资料和提高资料的利用率很有意义。

章开沅接受马大正赠书

国家清史编纂委员会赠书仪式合影

# 纪念殷海光先生诞辰 90 周年学术研讨会召开

2009 年 12 月 5 日上午，20 世纪中国社会思潮及大陆赴台知识分子——殷海光先生 90 周年学术研讨会，在华中师范大学中国近代史研究所召开。此次会议由中国近代史研究所主办，中南财经大学理论法学系、黄州市团风县台湾事务办公室协办，是主要围绕中国 20 世纪的社会思潮发展而展开的讨论会。

参加会议的有著名历史学家、华中师范大学老校长章开沅教授，殷海光高足、美籍华人学者、厦门大学客家研究中心主任陈平景教授，香港著名逻辑学家黄展骥教授，中国社会科学院近代史研究所思想史研究中心主任郑大华教授，南京大学思想家研究中心许苏民教授，武汉大学哲学学院李维武教授，湖北作家学会汪幸福教授等。

章开沅在纪念殷海光先生诞辰 90 周年学术研讨会上激情演讲

章开沅与陈平景先生交谈

纪念殷海光先生诞辰 90 周年学术研讨会合影

# "十二五"规划编制工作座谈会召开

2010 年 7 月 6 日下午，学校召开咨询委员、老校领导座谈会，听取大家对学校"十二五"规划编制工作的意见和建议。校党委书记丁烈云、校长马敏、副校长黄晓玫出席，学校校办、宣传部、发展办等相关职能部门负责人列席了座谈会。

出席会议的咨询委员有：资深教授章开沅、邢福义，老校领导晏章万、王庆生、邓宗琦、汪文汉，校"老协"会长李旭初教授等。与会人员围绕"十二五"期间学校的发展定位、发展目标、发展思路等畅所欲言，献计献策。

章开沅感慨地谈到，自己见证了华师从第一个五年规划到第十二个五年规划近 60 年的发展历程。在当前教育发展的新背景下，学校"十二五"规划的制定要结合国家前不久颁布的科技、教育、人才三个规划，广泛发扬民主，集中全校师生的智慧，使"十二五"规划既与以前的各种规划、战略保持延续性和衔接性，又要适当地改革创新，真正切合华师实际，具有华师特色。

与会人员还就学校周边环境整治、校内交通拥堵、社区涉老服务等具体问题提出了改进意见和建议。这次座谈会是为编制学校"十二五"规划而召开的系列座谈会之一。

2010 年 7 月 6 日章开沅参加学校"十二五"规划编制工作座谈会并发言

## 《荆楚全书》编纂开题报告会

2011 年 4 月 3 日章开沅在《荆楚全书》编纂开题报告会上发表重要讲话

2011 年 4 月 3 日，国家社科基金重大项目《荆楚全书》编纂开题报告会在我校举行。国内文史专家章开沅、陈祖武、安平秋、赵德馨、刘玉堂、冯天瑜等与会。省委常委、宣传部长尹汉宁，湖北省人大常委会副主任刘友凡、周洪宇，校长马敏、副校长杨宗凯出席。

该项目由著名历史学家章开沅教授担任首席专家，将对历史上荆楚文献的存佚状况进行全面调查研究，精选有较大社会影响和较高学术价值的荆楚文献稿本、钞本、刻本等予以点校整理，同时还包括编纂大型文献丛书。

章开沅认为，荆楚地区自古以来就有着丰厚的文化积淀，荆楚文化更是中华文化的重要组成部分，《荆楚全书》的编纂不仅填补了湖北省内文献整理的空白，而且将成为宣传和弘扬荆楚文化的重要平台。项目开题专家评审组组长陈祖武教授表示，《荆楚全书》是我国中部崛起和文化建设的客观需要，是一项有远见卓识，功在当代、利在千秋的文化精品，必将为湖北区域文化研究和发展作出巨大的贡献。

据悉，《荆楚全书》项目将依托国内百余名专家学者，由华中师范大学章开沅教授领衔编纂，预计在 2015 年全部完成。

章开沅与刘友凡亲切交谈

《荆楚全书》编纂开题报告会合影

# 中外教育交流国际学术研讨会在我校召开

2011 年 8 月 18 日，“中外教育交流国际学术研讨会——推进教育国际化进程：国际视野与创新”开幕式在我校举行。著名历史学家、教育家、我校老校长章开沅，中国教育学会会长、北京师范大学资深教授顾明远，国家教育发展研究中心副主任周满生，台北教育大学校长林新发，我校校长马敏等出席开幕式。来自美国、日本、英国、朝鲜、挪威及国内的清华大学、北京师范大学、浙江大学、厦门大学等 20 余所高校的 80 余名专家学者与会。

校长马敏首先致辞。他指出，教育交流是人类文化交流的重要内容，也是促进世界各国家、民族及地区教育发展的强大动力。当今我国教育正面对空前广泛、深入开展的中外教育交流的现实，如何在政策层面和实际的教育活动

中外教育交流国际学术研讨会现场

章开沅作精彩演讲

中，更好地实施“教育开放”的政策，促进现代教育发展；如何更大限度地获取教育交流所带来的正面成果，等等，都是亟待解决的问题。

章开沅在开幕式上作了精彩的演讲。他表示，自己是以学习、讨教的态度参加此次学术盛会的。去年以来，自己不断反省：一是反省自己研究的对象——辛亥革命100周年；二是反省自己参与的事业——中国共产党建党90周年。他认为，教育也应该反省，创新非常重要。教育的创新应建立在对教育深刻反省的基础上，敞开思想，做好总结盘点，为创新展开新的局面。他说，今年正值教育中长期改革方案出台、教育事业已处在任何时代都无法比拟的良好关头，各高校将面临新的挑战和机遇，但我国的教育到底该怎么走，以后往哪里发展，到现在还没有根本的定论。章开沅希望与会专家学者不仅要坐而论道、不忘我们几十年的教育是怎么走过来的，更要把视野放宽，深入反省和讨论我们的未来教育发展之路，要敢于发表真知灼见，“大胆发出自己的声音”。

开幕式后，大家围绕“推进教育国际化进程：国际视野与探索创新”主题作了学术报告。顾明远教授就全球化时代背景下教育国际化的内涵、现状、意义作了题为《教育的国际化与本土化》的主题报告。美国汤姆•阿•崔普斯代德博士对教育国际化与本土化问题的发展趋势和现状作了题为《教育国际化与本土化问题研究》的报告。日本东京大学教授牧野笃则从教育国际化背景下，作为个人面对知识分配模式的转变应如何加强学习交流作了题为《知识分配模式的转变和终身学习》的报告。我校教育学院教授余子侠则代表我校作了题为《教育交流与中华文化》的主题报告，全方位解读了教育国际化背景下，各民族文化的交流渗透以及悠久中华文化的外扬和传承问题。

# 文化产业建设

我校文化研究品牌的建立得益于章开沅先生高瞻远瞩的办学视野和长期身体力行的实干。他广交朋友,引进人才,在他的影响和推动下,学校与各级政府、企业联盟建立了一系列文化研究机构。

早在2000年,我校率先在全国成立了文化学系,隶属历史文化学院;2002年3月15日聘任楚学专家张正明为历史文化学院教授,加强团队的研究力量;2004年12月7日与武汉市政府联合,成立了武汉社会文化研究院;2005年1月7日联合湖北长江出版集团,建立了文化产业研究所暨湖北长江出版集团战略研究所;2005年初在文化产业研究所设立了非物质文化遗产研究中心;2005年6月15日,成立湖北红色文化研究中心;2005年9月18日举办中部三省文化产业培训班;2005年底举办了中国首届文化创新高峰论坛;2006年举办了“中部崛起与文化武汉”研讨会;2006年举办非物质文化遗产保护国际学术研讨会等十余次活动;最终于2007年4月20日国家文化产业研究中心在我校挂牌成立。

目前,我校在文化产业研究方面,已形成了文化产业理论研究、农村和农民文化研究、文化体制改革研究、新科技与当代文化产业研究、会展产业研究、文化资源开发研究6个具有特色的研究领域。

在这一阶段的各个研究领域中,章开沅先生始终不顾年迈的身体,以饱满的热情,多次参与到这些工作当中,并在会上发表指导性的讲话。

# 学校聘张正明为兼职教授

2002年3月15日上午，我校聘请著名楚史专家张正明为历史文化学院教授仪式在科学会堂举行。老校长章开沅教授、副校长蔡勖教授、历史文化学院院长朱英教授分别发表讲话，盼望张正明先生的到来，并希望能将华中师大的楚学研究进一步向前推进。

二十世纪八十年代以来，张正明在湖北省社科院工作，曾先后担任副院长和顾问、中国民族史学会副会长、湖北炎黄文化研究会副会长等职务。其学术成果颇丰，包括三部个人著作、两部参与撰稿的专著、六部获奖优秀著作。张正明教授这次所作的题为“中西传统思维方式之比较”的讲座是系列学术讲座中的第一场。

张正明教授是国内首屈一指的楚史专家，他对楚史研究的创立、培育、发展起了不可估量的作用，为我国培养了一大批楚学人才。

2002年3月15日华中师范大学聘请张正明教授仪式现场

# 武汉社会文化研究院成立大会暨揭牌仪式隆重举行

文化部副部长郑欣淼、武汉市市长李宪生、校党委书记丁烈云等共同为武汉社会文化研究院揭牌

2004 年 12 月 7 日，我校与武汉市人民政府共同组建的武汉社会文化研究院成立大会暨揭牌仪式隆重举行，国家文化部副部长郑欣淼、武汉市市长李宪生、副市长刘顺妮、校党委书记丁烈云、校长马敏等出席了大会。

成立大会暨揭牌仪式由副校长杨宗凯主持。章开沅、张正明、皮明庥、徐明庭等知名专家学者、武汉市有关局委主要领导、新闻界代表、校内相关院系及职能部门负责人共七十余人与会。北京文化发展研究院特此发来贺信。

会上，武汉市人民政府秘书长尹维真宣读了市政府关于成立武汉社会文化研究院的批文，校长马敏随后发表了热情洋溢的讲话，他代表学校对此次共建致谢祝贺，并就研究院的发展构想作了扼要阐述。原华中师范大学校长、著名历史学家章开沅，原武汉市社会科学院院长、著名学者皮明庥，武汉市副市长刘顺妮，文化部副部长郑欣淼先后讲话，他们充分肯定了市校共建文化研究院、密切学术研究与现实社会相结合的重要性、必要性及深远影响，并希望研究院珍惜时机、开拓奋进，不断发展壮大。

我校与武汉市人民政府于二十世纪九十年代中期开始合作共建。此次共建社会文化研究院，旨在以新的机制整合资源，通过高水平应用型研究创新

章开沅与郑欣淼亲切交谈

学术、繁荣文化，促进学科建设，丰富武汉和谐社会的发展内涵，实现双赢。

研究院章程规定：该院为市政府直属的专门机构，挂靠我校并行政托管，接受市校双重领导；采取独立法人体制，实行课题（项目）运作方式。研究院的总体目标是成为武汉地区区域经济、政治、文化应用研究和理论创新的重要基地，成为市政府倚重的社会文化与发展工作之智囊团、思想库，成为武汉地区科技界、文化界、教育界、实业界相互沟通合作的桥梁和纽带。

武汉社会文化研究院的成立为市校双方深化合作提供了崭新的平台。研究院院长由校长马敏、副市长刘顺妮共同担任，国家文化部副部长兼故宫博物院院长郑欣淼任名誉院长，章开沅、冯天瑜、李宪生、张正明、皮明庥等担任顾问，我校发展办主任秦在东任常务副院长，具体负责日常院务。研究院将依托百年华师的学科优势，全方位、深层次地研究武汉地区社会文化的历史传统、资源状况和潜在的经济能量；立足武汉地区当前和今后相当长一段时间内经济、政治、文化和社会发展的客观需求，发掘武汉地区智力资源和科技文化资源；着眼武汉地缘文化特色，整合武汉地区人文社会科学的强势力量，为建设文明、和谐的大武汉献计献策。

研究院日常工作现已启动，该院有关专家目前正参与或主持百步亭社区文明建设、武昌昙华林历史街区的保护和开发等项目。

# 珍惜时机　走向繁荣

章开沅

各位领导、各位来宾：

今天，武汉社会文化研究院成立了，这是个大喜的日子。徐明庭先生今天也到了，在座的同行中间，大概除了徐老以外，可能就数我呆在武汉的时间比较久了。我于1932年随着父亲来到武汉，在武汉读小学；1949年我又随大军南下回到了武汉，此后一直留在武汉，在武汉工作生活了五十多年。根据我自己亲身的经历，我认为现在是武汉发展形势最好的一个时期，也是武汉市政府和武汉高校关系最融洽、最密切的一个时期。所以在这个背景下成立武汉社会文化研究院，正如刚才马校长所讲，具有非常重要的意义，而且它一定会对武汉作出很大的贡献。

华中师范大学的前身——华中大学本身就有研究地方历史与文化的特点，韦卓民校长领导华中大学师生西迁到云南大理后，就研究过云南少数民族的社会历史，特别是对语言，作出了很多很好的研究成果，很多著名专家的研究工作都是在那个时期做的。以前华中师范学院的院长杨东莼先生也一贯提倡要研究社会历史文化，当时在胡乔木同志的指示下，曾组织过中国社会历史调查委员会，而且将中国近代史研究所和华中师范学院作为主要依靠，希望联合来办这个事情，但后来因为“文化大革命”而无疾而终。

我就任华师校长后，提倡一校一县模式，那就是与仙桃市建立全面的合作关系，当时光明日报记者以“市校联姻”作了宣传报道，后来推广为全湖北省范围内的市校联姻。当时曾得到世界银行中国专家局的支持，他们希望中国能够有一百乃至五百所大学与对口县市进行全面合作，但后来因为一些政治风波及一些大的变化没能实现。现在大家可以看得很明显，地方政府跟当地的大学合作已经成为一个普遍的潮流。一个地方政府能够运用当地高校的力量，运用得好、运用得多，而且是合理地运用，对地方的发展会有很大好处。但反过来讲对高校也有很大好处，高校就是应该服务社会，服务地方。这样才能使高校有很深的根基，才能繁荣成长。所以今天我很高兴地看到研究院成立，同时希望研究院能够很好地整合武汉的社会文化资源，包括校内校外的各方面专家的共同合作。总而言之，希望武汉市繁荣发达，也希望武汉社会文化研究院繁荣发达，而且关注武汉、热心武汉研究、关心研究院成立的学者不少，不仅是国内，国外还有很多著名学者也在关心研究院。我想以后研究院可以把这些国外的学者，像美国的罗威廉教授（他专门研究汉口），日本的野泽丰教授，还有日本的中国近代史研究会、辛亥革命研究会及各方面的专家们，都可以聘请为研究员。当然也包括我国香港和台湾地区，特别是台湾，那里有湖北文献研究会，有专门研究湖北现代化的专家，我们也应该把他们团结在一起，大家共同努力，建设一个更加美好的、真正堪称世界大都市的大武汉！

# 我校与长江出版集团共建文化产业研究所

2005 年 1 月 7 日，由我校与湖北长江出版集团联合建立的华中师范大学文化产业研究所暨湖北长江出版集团战略研究所正式成立。湖北省委宣传部副部长袁炎舫、湖北省文化厅厅长蒋昌忠、老校长章开沅、校长马敏以及湖北长江出版集团的领导王建辉出席了揭牌仪式。

成立仪式上，校长马敏代表我校致辞。王建辉代表湖北长江出版集团向我校表示感谢，他讲道，百年华师以其独特的文化魅力吸引着社会各界的目光，尤其是在人文社会科学和经济管理学科上的研究优势十分明显，此次能够与华师联合建立研究所，必将对湖北长江出版集团以后的发展壮大起到积极作用。

在成立大会上，章开沅先生和袁炎舫等领导都发表了重要讲话，高度赞扬这种校企合作开放性的研究模式，是一种以项目为基础平台的跨学科、综合型研究机构。研究所的成立将会对湖北省和中西部地区乃至全国文化产业研究和发展产生积极的影响。

2005 年 1 月 7 日章开沅在华中师范大学文化产业研究所成立仪式上发言

大会现场

马敏、王建辉揭牌

## "2005 中国首届文化创新高峰论坛"在我校举行

2005 年 12 月 17 日上午，由国家文化部教育科技司、湖北省文化厅、中国文化报社及我校主办，湖北新华书店集团与校文化产业研究所承办的"2005 中国首届文化创新高峰论坛"在我校开幕。文化部教科司司长韩永进、湖北省文化厅厅长蒋昌忠、中国文化报总编孙若风、我校中国近代史研究所章开沅教授、校长马敏、苏州市文化广播电视局局长高福民以及我校特聘教授陶宏开等专家就文化产业发展和文化创新研究进行了深入探讨。

◀ 2005 年 12 月 17 日章开沅出席中国首届文化创新高峰论坛并讲话

▼ 2005 年 12 月 7 日章开沅出席学校出版社建社 20 周年活动

# “中部崛起与文化武汉”专题研讨会在我校召开

2006年7月25日，武汉社会文化研究院在我校召开了“中部崛起与文化武汉”专题研讨会。武汉市副市长、研究院院长刘顺妮，华中师范大学校长、研究院院长马敏，市委宣传部副部长、研究院副院长李强，市政府有关部门同志、省市新闻单位记者和企业家代表共30余人参加了研讨会。

研讨会由刘顺妮副市长主持。研究院的四位顾问，即著名史学家章开沅先生、武汉大学资深教授冯天瑜、著名楚文化专家张正明研究员、著名武汉文化史专家皮明庥研究员首先为武汉如何在中部崛起中发挥战略支点作用支招。

马敏教授结合自己的研究成果，解读了武汉市政府提出的“四两拨千斤”战略。研讨会紧紧围绕“中部崛起与文化武汉”的主题，展开了热烈而深入的研讨。李强、陈峰、秦在东、张三夕、姚伟钧等专家教授分别就文化武汉的深刻含义、文化武汉与文明武汉、地缘文化与区域经济、文化创新与武汉崛起等理论和实践问题，阐述了各自见解，提出了一些具有很强实践性的建议。

章开沅为“中部崛起与文化武汉”专题研讨会题词：“保存历史　文化武汉”

章开沅与冯天瑜教授亲切交谈

"中部崛起与文化武汉"专题研讨会合影

# 出席华师国家文化产业研究中心命名暨新年京剧晚会

2006 年 12 月 30 日章开沅在国家文化产业研究中心命名大会暨新年京剧晚会上讲话

国家文化产业研究中心命名大会合影

# 国家文化产业研究中心在我校挂牌

2007 年 4 月 20 日，我校国家文化产业研究中心（基地）挂牌仪式隆重举行。文化部党组成员、部长助理丁伟，湖北省政协副主席丁凤英，文化部文化产业司司长王永章，湖北省政府副秘书长张达华，武汉市副市长刘顺妮，湖北省文化厅副厅长王建刚、湖北省教育厅副厅长张继年以及我校校领导马敏、杨宗凯、黄永林出席了挂牌仪式。

我校文化产业中心是文化部在中部六省设立的唯一的国家级文化产业研究中心，此外全国还有北京大学、清华大学、上海交通大学、南京大学、南京航空航天大学、中国海洋大学、云南大学共 8 所大学设立了国家级文化产业研究中心。

丁伟、丁凤英为国家文化产业研究中心揭牌

# 第二届中国文化创新高峰论坛暨第二届文化部创新奖颁奖仪式举行

章开沅在主题学术论坛上发言

2007年11月6日，第二届中国文化创新高峰论坛暨第二届文化部创新颁奖仪式在我校举行。本次论坛由文化部主办，湖北省文化厅和我校共同承办，湖北艺术职业学院、武汉大学中国传统文化研究中心、《中国文化报》社、《长江商报》社、新浪网、腾讯网协办。本次活动是湖北第八届中国艺术节的重大活动之一。

文化部党组书记、副部长于幼军，文化部副部长陈晓光，湖北省委常委、宣传部部长张昌尔，副省长李春明，文化部教科司司长韩永进，文化部艺术司司长于平，财政部教科司副司长王家新，我校马敏校长，我校资深教授著名历史学家章开沅，武汉大学资深教授冯天瑜，中国社科院文化研究中心副主任张晓明，上海话剧艺术中心主任杨绍林，上海科学院文化产业发展中心主任巫志南，以及湖北省文化厅的领导等出席了本次论坛。

本次论坛的具体议题包括：舞台表演艺术的创新与发展、舞台表演艺术的产业运作与市场培育、传统舞台艺术文化传承与科技创新、构建当代公共文化服务体系的策略与路径、当代中国文化体制改革的理论创新与实践创新、职业艺术教育的人才培训模式的改革与创新、中国民间文化资源的开发与科技保护创新实践、现代公共图书馆发展中的科技创新问题八个部分。

在11月6日上午的开幕式上，文化厅领导首先致欢迎辞。他表示，本次论坛作为湖北第八届艺术节区别于以往的重要标志——全国文化创新高峰论坛以及省文化厅和我校共同组织的“第八届中国艺术节运作模式、经验及影响力”的研究课题，第一次将中国艺术节的组织模式理论研究引入中国艺术节的活动中，构建起我国艺术界与学术界、文化界与理论界、研究者与实践者之间相互沟通的平台，在中国艺术节的组织模式中创造了将艺术实践创新与文化理论创新有机结合的先例。

校长马敏随后发表讲话。他说，本次论坛就是文化系统、地方政府与大学在推进文化创新过程中实现力量整合的尝试，体现了政府、高校和文化战线共同的意愿和共同的目标追求。他接着介绍了我校在这方面所做的工作。随后第二届文化部创新奖获奖项目代表发言。

文化部副部长陈晓光宣读颁发第二届文化部创新奖的表彰决定。文化部党组书记于幼军发表重要讲话。章开沅教授、中国人民大学金元浦教授、国家发改委研究员齐勇锋、中国戏剧家协会副主席余笑予等学者先后在主题学术论坛上发言。

马敏主持论坛

# 第三届现代城市文化史国际学术研讨会召开

与高家龙先生亲切交谈

2009年7月3日—10日，由华中师范大学、华东师范大学、江汉大学联合主办的“第三届现代城市文化史国际学术研讨会”在我校召开。来自美国、日本、澳大利亚以及中国大陆及港澳台地区的28所学校和研究机构的40余名学者与会，提交了会议论文30余篇。章开沅教授、马敏校长出席了开幕式。

研讨会围绕“城市经济

与梁元生先生亲切会面

与文化发展”的主题展开了热烈且深入的讨论，不仅彰显了城市文化史研究的重要性，也进一步推动了近代中国城市史乃至中国近代史的研究。相比此前在上海、成都举办的两届研讨会，此次会议不仅规模更大，而且形式也更为多样。

与诸多老朋友相见好开心

本届学术研讨会，与会学者主要就“近代中西城市经济文化发展异同”、“全球化与本土化”、“公共空间与城市文化形成”、“城市生活及休闲”等问题交换了意见，并注意到城市史研究的重要性以及研究空间的广阔。

与到会专家亲切握手

第三届现代城市文化史国际学术研讨会现场

第三届现代城市文化史国际学术研讨会合影

# 《武汉工业百年图片展》巡展启动仪式举行

章开沅先生出席并讲话

2009年9月7日，为纪念中国近代工业先驱张之洞逝世100周年，传承张之洞勇于"救亡图存"、"自强不息"的精神，武汉市政协、市文化局、市社会文化研究院等单位联合举办《武汉工业百年图片展》巡展活动。巡展启动仪式在华中师范大学杜鹃广场举行。武汉市文化局副局长郑自来、汉阳区政协副主席雷鹏、武汉市文化局博物馆处处长徐家宽、张之洞与汉阳铁厂博物馆馆长顾必阶、著名历史学家章开沅先生、校长马敏、校发展办主任秦在东等出席。启动仪式由校党委副书记谢守成主持。

章开沅先生在讲话中指出，近年来武汉市各级政府为保护城市记忆、文化遗产作了很多努力，比如有关张之洞的历史遗址保护，但收效甚微。毛泽东提了四个工业化的先驱人物，其中讲到重工业不能忘记张之洞，轻工纺织业不能忘记张謇。但武汉对张之洞的研究和遗址保护就远不如张謇的家乡——南通对张謇的研究和遗址保护。武汉成为一个重工业粗具规模的城市是从张之洞开始的。比如建立汉阳钢铁厂，即现在的武汉钢铁公司的前身。张之洞的功绩不仅限于此，还有很多。纪念张之洞，现在刚刚开始，就有人站出来非议了。张之洞一直以来没有得到应有的评价，是因为在辛亥革命时被"妖魔化"了，后来一直没有得到公正客观的评价。武汉从一个商业城市成为工业城市，张之洞的贡献很大。可是我们研究得不够，保护得不够，继承得不够，发扬得不够。因此今天这个活动，是很有意义的一件事。

# 把世界引向华师

如果说二十世纪90年代章开沅先生的北美萍踪、日韩纪行、中国台港情缘是华师人走向世界，那么二十一世纪以来章开沅先生则是侧重把世界引向华师。他自我评价在学术上做了两件事：一是把中国的辛亥革命史研究推向世界，并把国外的研究引入中国；二是让国际上的中国教会大学史研究走进中国，又让中国的研究走向世界。而他在促进学校国际化上作出的贡献是巨大的、空前的。

树立学校国际化的发展目标，充分体现了章先生的办学思想。他既是改革开放以来把华师引向世界的人，又是大力把世界引向华师的积极推动者。“把世界引向华师”记录了11年来章开沅先生对学校国际化所作出的巨大贡献，可分为几个部分进行整理：

第一部分是2001年东西方文化交流研究中心暨章开沅东西方文化交流学术基金成立以来，章开沅东西方文化交流学术活动在我校开展的情况。其中还包括有多个国际级学术大家入座“章开沅基金学术讲座”的盛况。

第二部分是与韩国的交往，自2001年“韩国问题研究中心”在我校成立，开展了一系列与韩国学界、校界、政界的友好交流活动。最引人瞩目的是2004年5月18日韩国驻华大使金夏中访问我校，并最终促成“韩国语中心”在我校成立。

第三部分是与日本学界、商界和媒体的交往和交流。与日本人交往和建立友情是一个敏感的话题，但章开沅先生却能将分寸把握得极其精准。与爱好和平的日本人建立起长期友好关系，并得到他们长期的支持。

第四部分是与美国、我国台港澳等国家和地区学界的交往。其中把余家菊奖学金的活动单独作为一个单元。

通过这几个部分的整理，可以看到十几个国家和地区的多个高级别的代表团和学者，受章开沅先生的邀请或吸引，前来访问我校并进行学术交流。这些活动的开展，对于我校办学水平和管理水平的提高、国际化进程的加快、师生视野的开阔、知识的增长、教学经费的补充，都起到了积极的、多方位的促进作用。

加强对外学术文化
交流，向世界展示
华中师大风采。

章开沅
于二〇〇七年元旦

章开沅题词

# 东西方文化交流研究中心
# 暨章开沅东西方文化交流学术基金成立

鉴于章开沅教授在海内外学术界和教育界的重要影响，多年来许多海内外学人积极倡议设立一个旨在继承和发扬章开沅教授的治学精神和人格风范、推动东西方文化交流的学术研究、人才培养和国际学术对话活动的国际学术基金。在学校和海内外朋友的支持下，2001 年 12 月 31 日，东西方文化交流研究中心暨章开沅东西方文化交流学术基金成立典礼在华中师范大学科学会堂举行。著名历史学家章开沅、校长谷士文、副校长马敏以及校内外一些著名专家学者、企业界人士和我校相关职能部门领导出席了典礼。

章开沅教授在典礼上作了热情洋溢的发言，他表示在有生之年将不遗余力地推进东西方文化的交流与研究，以提升我校人文社会科学研究的国际地位。

研究中心旨在继承和发扬章开沅教授的治学精神和人格风范，开展东西方文化交流的学术研究、人才培养和国际学术对话活动，并协助海外研究生或学者前来中国大陆进行东西方文化交流等相关主题的研究和学术交流。研究中心主任由章开沅教授担任，副校长马敏担任中心副主任，中国近代史研究所和本校有关科研机构成员为中心专职研究员，并聘请一批国内外知名学者为研究中心兼职或客座教授。

文化交流基金则是由海内外众多学者和其他各界人士共同倡议与支持的一种开放性的纯学术基金，随时接受所有愿意推动东西方文化交流的国内外机构、团体和个人的捐赠，并在条件成熟时发展成为“章开沅东西方文化交流国际学术基金会”。同时，基金还成立了“章开沅东西方文化交流学术基金管理委员会”负责基金的管理。章开沅教授任名誉主任，马敏教授任主任。另成立由国内外著名专家学者组成的“章开沅东西方文化交流学术基金评审委员会”，负责基金申请项目的评议和审定。评审委员会由章开沅教授任主任委员，马敏教授任副主任委员。

“章开沅学术讲座”是近期内基金的重点资助对象。计划每年邀请一至两位国际知名学者来校访问一到两周，举办公开演讲、主持学术讨论、与学生交流及参加各种校园文化活动等，以增进中外学术与文化交流。

章开沅东西方文化交流学术基金成立大会现场

章开沅在章开沅东西方文化交流学术基金成立大会上讲话

# 美国著名历史学家鲁珍晞教授来校讲学

2002 年 10 月 14 日至 21 日，由章开沅东西方文化交流学术基金重点资助的“章开沅学术讲座”在我校首次举行。马敏副校长主持了开幕式，章开沅教授向鲁珍晞教授夫妇致欢迎辞。

鲁珍晞教授是美国新泽西州拉特格斯大学历史学荣休教授，美国著名的中国近代史研究专家，尤以中国基督教史和教会大学史研究闻名于世。曾出版《基督教差会在中国》（主编）、《中国政治与基督教差会》、《客家人与基督教的相遇》等专著和数十篇论文。鲁珍晞教授是章开沅东西方文化交流学术基金邀请的第一位“章开沅学术讲座”教授。她将在我校进行为期一周的讲学。

“章开沅学术讲座”是章开沅东西方文化交流学术基金的重点资助对象。计划每年邀请 1 至 2 位国际知名学者来校一到两周，举办公开演讲、主持学术讨论、同学生交流及参加各种校园文化活动等，以增进中外学术与文化交流。

当天下午在科学会堂举办了题为《东方文化与西方文化的相遇》的第一次演讲。来自历史文化学院等院系的师生约 300 人参加了讲座活动。鲁珍晞教授还要在中国近代史研究所为师生进行三次讲座。

章开沅在鲁珍晞教授讲学前致欢迎辞

# 法国著名汉学家巴斯蒂院士来我校讲学

巴斯蒂教授讲学

2003年9月8日应章开沅教授的邀请，法国著名汉学家巴斯蒂院士来到我校，将在中国近代史研究所作为期一个月的讲学活动。

9月10日中午，湖北省副省长辜胜阻在章开沅教授、党委书记丁烈云、校长马敏的陪同下看望了巴斯蒂教授。

下午2：30巴斯蒂教授的欢迎仪式在管理学院101室举行，法国驻武汉领事馆参赞德盖义参加了巴斯蒂教授的欢迎仪式。章开沅、马敏、德盖义分别致辞，对巴斯蒂来我校讲学表示欢迎。

随后，巴斯蒂教授作了第一场讲座。她结合自己对法国和欧洲院士制度的一些认识与经验，向大家作了细致的介绍。接着，她接受了我校师生的提问。

9月12日下午2点，在我校科学会堂，巴斯蒂教授作了关于“法国中国近代史研究的现状和前景”的学术演讲。

9月19日下午巴斯蒂教授在我校历史文化学院进行了第三场学术讲座，题为“十九世纪末二十世纪初中国的天主教团体”。讲座开始前，马敏代表历史文化学院致欢迎辞，强调了开展国际学术交流对于我校向研究型大学迈进过程的重要性，特聘巴斯蒂教授为我校的名誉教授，并向巴斯蒂教授颁发了聘书。

此次讲座，巴斯蒂教授围绕法国对于19世纪末20世纪初中国天主教团体的研究做了详细的介绍。之后，巴斯蒂教授对听众所提出的相关问题作了解答。

巴斯蒂教授是国际知名的历史学家，尤其是以中国近代史研究久享盛名。她的两部大作《从鸦片战争到中法战争》、《从中法战争到中国共产党的建立》在国际上享有盛誉。1988年起，巴斯蒂教授开始担任巴黎高等师范学校副校长，1990年任法国国家科学院近现代世界史部特级研究员，2001年当选为法兰西科学院人文政治学院院士，是该院历史上的第四位女院士。

巴斯蒂教授的讲学不仅是“章开沅东西方文化交流学术基金”讲座的重要内容，而且也是我校百年校庆中的一件喜事。巴斯蒂教授渊博的学识、卓越的见解无疑会帮助我们开拓视野，提高科研能力，并在加强中法学术界在近代中国史研究领域的交流与合作等方面作出巨大的贡献！

湖北省副省长辜胜阻看望巴斯蒂教授

法国驻武汉领事馆参赞德盖义出席巴斯蒂教授欢迎仪式

▲
章开沅在欢迎巴斯蒂教授的仪式上致欢迎辞

▶
马敏校长代表学校向巴斯蒂献花

◀
听巴斯蒂教授讲学

## 章开沅、马敏会见汉学家钟鸣旦教授

2004 年 4 月 9 日下午章开沅教授、马敏校长在我校行政楼一楼会议室会见了比利时著名汉学家钟鸣旦教授。历史文化学院院长王玉德、国际文化交流学院院长宋淑蕙、中国近代史研究所所长朱英、副所长严昌洪、社科处处长石挺、外事处处长翟建军等参加了会见。

会见时，双方就历史作品的翻译问题展开了亲切友好的交谈，并互赠了精美的礼品。此次钟鸣旦教授是应“章开沅东西文化交流学术基金”邀请，作为“章开沅学术讲座”的教授到我校进行为期一周的访问讲学。他将围绕 17 世纪至 18 世纪中欧之间的礼仪变化这一主题展开三次演讲。

会见钟鸣旦教授

章开沅教授主持讲座

钟鸣旦教授讲学

## 比利时著名汉学家钟鸣旦来我校讲学

应"章开沅东西文化学术交流基金"的邀请，比利时皇家科学院院士、国际著名汉学家钟鸣旦作为"章开沅学术讲座"教授到我校进行为期一周的访问讲学。在一周的访问讲学中，钟鸣旦教授开展了以"中西文化相遇"为主题的三期讲座。在第一讲中，他以明末清初中国礼仪舞蹈图示为切入点，介绍了东西方文化传播的不同方式；第二讲中，以明末中欧文化相遇为例，讲述了文化相遇的方法论问题；最后他讲述了十七世纪中国的天主教和儒教的葬礼仪式。

2004 年 4 月 11 日晚 7 时整，钟鸣旦教授在历史文化学院 1201 教室举行了他的第一场讲座："明末清初中国礼仪舞蹈图示"。本场讲座由章开沅教授主持，他代表学校向钟鸣旦教授的到来表示欢迎。

钟鸣旦教授长期致力于欧洲汉学研究，他对十七世纪中欧之间的文化交流，尤其是中国文化对欧洲文化的接受及反应有着浓厚的研究兴趣，并取得了学术界公认的卓越成就。他 1959 年出生于比利时的安特卫普，是当今世界上为数不多的年龄较轻、成果突出的学者之一。1982 年至 1983 年间曾在复旦大学进修学习，2003 年当选为比利时皇家科学院院士。已出版了《本地化：谈福音与文化》、《文化相遇的方法论：以十七世纪中欧文化相遇为例》等著作。

# 梁元生教授来我校讲学

应“章开沅东西方文化交流学术基金”及华中师范大学的邀请，著名历史学家、香港中文大学崇基学院院长梁元生教授作为 2005 年“章开沅学术讲座”教授以及“世界杰出华人学者”，于 10 月 11 日至 16 日在我校进行了为期一周的访问讲学。

10 月 12 日，梁元生教授在科学会堂为全校师生作了题为“求索东西天地间——19 世纪末至 20 世纪初期东亚知识分子的追寻”的讲座。老校长章开沅、校长马敏、副校长黄永林等出席了本次讲座。章开沅教授和校长马敏分别致辞，对梁元生教授的到来表示欢迎。

梁元生教授在我校讲学期间，分别作了题为“近代中国城市文化的比较”、“香港历史学界的困境与契机”、“中国基督教史研究的新趋势”的学术报告。

10 月 16 日，梁元生教授作为特邀嘉宾在由中国近代史研究所举办的“章开沅与中国近代史研究学术研讨会暨章开沅先生八十华诞庆典”作主题演讲，向章开沅教授表达了崇高的敬意及祝福。

梁元生教授系我校启动“世界杰出华人学者来访学术活动周”活动以来所邀的第一位杰出华人访问学者，他的讲学极大地活跃了我校学术氛围，鼓励了学术创新，促进了我校与海内外学术界的积极交流和广泛合作。

梁元生教授讲学

章开沅向梁元生赠送《鸿爪印雪》

# 白吉尔教授讲学

白吉尔教授讲学

白吉尔教授作为2006年度“章开沅学术讲座”教授，于10月17日至22日访问华中师范大学，并在我校作题为“官督商办企业与中国资本主义的发展”的演讲。

首场讲座于10月17日在我校九号楼多功能厅举行，章开沅先生和马敏校长在前排就座。讲座前，举行了简短的欢迎仪式。马敏校长发表了热情洋溢的欢迎辞，并对玛丽·格莱尔·白吉尔教授与中国的关系和学术成就作了介绍。

玛丽·格莱尔·白吉尔1933年出生于法国巴黎，1955年获巴黎大学硕士学位，1956年获历史、地理教学资格，1959年获法国国立东方语言文化学院中文文凭，1966年获巴黎大学博士学位。1964年至1997年任法国国立东方语言文化学院中国近现代史教授，1978年至1994年任法国社会科学高等研究院博士生导师，2001年任香港中文大学客座教授，2003年任美国哈佛大学历史系客座教授。1980年至1994年，白吉尔教授担任法国国立东方语言文化学院“远东太平洋地区研究”博士教学主任；从1981年至1997年，又先后任法国社会科学高等研究院中国研究中心主任和法国国立东方语言文化学院中文系主任。目前，任澳门利氏学社《神州交流》、香港《中国展望》杂志编辑委员会委员。

白吉尔教授是国际知名历史学家、法国当代中国研究创始人之一，以及中国资产阶级和上海史研究的专家。研究领域主要集中于19世纪至20世纪中国社会经济史，尤其是对民族资本主义的发展和中国资产阶级的研究，取得了学术界公认的成就。

白吉尔教授曾多次应邀来华访问研究。1957年至2005年，先后访问过上海、北京、重庆、富阳、武汉等多个城市，参加过多次重要国际学术会议。

欢迎白吉尔教授仪式

章开沅出席白吉尔教授讲学

王国斌教授讲学

## 王国斌教授系列讲座

2007年10月22日上午，应“章开沅东西方文化交流学术基金”及华中师范大学的邀请，王国斌教授在我校九号楼多功能报告厅举行了一场以“1949年后中国社会主义政治经济的变革：历史与比较的视角”为主题的学术报告。我校老校长章开沅、校长马敏出席了这次报告会。严昌洪教授主持讲座。

王国斌教授长居国外，中文表述不够流利，为了准备这次讲座，他用英文列下提纲来提醒自己，并向现场的同学分发了印刷好的英文报告，确保自己的观点能被充分理解，这种敬业精神让人敬仰。

章开沅先生听完讲座后，对王国斌教授严谨治学的精神予以高度评价。他寄语在场同学，做学问一要有“快乐足球”的快乐理念，享受从无知到有知、从浅知到深知的求知探索过程；二是要有勇气，将“想”变为实际行动。

王国斌，美籍华人，1971年获密歇根大学经济学系学士学位，随后进入哈佛大学东亚研究中心，一直担任加利福尼亚大学洛杉矶分校亚洲研究所所长和教授。他主要致力于中国历史尤其是明清社会经济史和政治史以及中西历史比较研究，他对中国与欧洲历史的比较研究有一系列独到的见解，被国内外学术界公认为正在崛起的“加州学派”的主要代表人物，是当今美国中国史研究领域有影响的中年学者。其论著丰厚，许多成果被认为是中西比较史学研究领域的代表性著作。

章开沅对王国斌教授严谨治学的精神予以高度肯定

与王国斌教授合影

# 王成勉教授在我校开讲

应“章开沅东西方文化交流学术基金”和华中师范大学的邀请，王成勉教授作为 2008 年“章开沅基金学术讲座”教授和“华中师范大学世界杰出华人访问学者”，于 10 月 19 日至 23 日在我校进行为期五天的访问讲学。

10 月 20 日上午，王成勉教授的题为“明清鼎革下的知识分子研究：回顾与前瞻”讲座在九号楼一楼报告厅举行，资深教授章开沅先生、副校长李向农与历史文化学院师生一起聆听了讲座。

王成勉从明清鼎革的研究分期、明清鼎革研究观念的突破、世变冲击下的人物与生活、鼎革研究的发展性四个方面展开演讲，研究内容涵盖明清时期的世人、妇女、交友群体、生活、经济社会、文化史、身份认同、流放文学、绘画雕塑与书法。他旁征博引，介绍了顾炎武、黄宗羲等遗民群体和洪承畴、王士祯等贰臣群体以及明清两朝的结社活动。

章开沅先生听完讲座后说，讲座勾起了他许多美好的回忆，整个演讲就像展开了明清知识分子政治、文化、经济、家庭等丰富多彩的画卷，很有学术启发性。

此次讲学的主题有三个，分别为“明清鼎革下的知识分子研究：回顾与前瞻”、“魏德迈与战时中国”、“跨越国界的关爱：第一次世界大战时期的华工青年会”。

王成勉教授讲座

王成勉教授现任台湾“中央大学”历史学研究所教授兼人文中心主任。他致力于中外关系史研究，主要的三个领域是清初的满汉关系与汉族知识分子的自处、20 世纪 40 年代的中美关系以及基督教在华史。王成勉教授在其研究领域著述甚多，在国际学术界均受注重与推崇。

章开沅先生讲话

李向农副校长主持讲座

同学们对精彩的演讲报以热烈的掌声

# 伦敦大学亚非学院狄德满教授作客章开沅基金讲座

2009年11月18日下午，章开沅基金2009年学术讲座在九号楼一楼报告厅举行。来自伦敦大学亚非学院的狄德满博士担任基金讲座教授，他为我校广大师生作了题为“中国基督教的不同生态和学术研究中同质性的问题”的学术演讲。

演讲由中国近代史研究所所长朱英教授主持。他介绍了狄德满教授的学术经历、学术成就，以及章开沅基金成立的缘起和基金近年来所开展的一系列有利于活跃校园文化、推动学校中外学术文化交流的学术活动。

演讲中，狄德满教授首先分析了中外学者不愿对中国的传教历史以及过去的中国基督教会进行探索的原因。接着从传教士与帝国主义、传教事业的拓展与多样化以及中国基督徒皈依基督教的原因等方面阐释了中国基督教的不同生态。最后狄德满教授和在场学生进行了亲切的互动交流，耐心回答了学生的提问。

章开沅教授出席并作总结发言。他认为狄德满教授在本次演讲中提出了很多颇有见地的观点，对我们重新认识和理解基督教有很大的帮助。

狄德满教授讲座

# 世界杰出华人学者钟志邦教授讲座

2010 年 10 月 20 日上午，应“章开沅东西方文化交流学术基金”邀请，“世界华人杰出学者”钟志邦教授的讲座在我校国际学术交流中心举行。

钟志邦教授演讲的题目是“政教分离：事实与神话”，他引用耶稣的一句话“凯撒的东西还给凯撒，上帝的权利还给上帝”，引发了关于政教之间关系的思考。他以时间、空间两个轴面阐述中国、印度、美国、英国、伊朗等国在各个时期的政教分离及合并情况，例如，伊朗由大主教掌权，是伊朗的“NO.1”；英国的君主立宪制使其政教密不可分；美国是政教分离的典型国家，但几乎 90%的公民信仰基督教，总统也是一手按着《圣经》宣誓的，所以其政教分离有其特殊性……钟教授幽默风趣，用有趣的事实代替枯燥的理论，赢得了在场学生的热烈掌声。

随后是学生提问环节。钟教授对学生提出的“现今乡村教会基督徒学历太低是否真正理解其信仰”、“为什么基督教、伊斯兰教在历史上发生过多次暴动，但佛教动武的情况就少了很多”等多个问题进行解答。钟教授幽默的语言中蕴含着智慧，阵阵笑声充满了整个会场。

钟志邦教授，祖籍中国广东花县。1942 年出生于马来西亚，现为新加坡公民。新加坡南洋大学文学学士、英国伦敦大学神学学士、牛津大学汉学硕士、爱伯丁大学哲学博士、美国哈佛大学博士后访问学者。1988 年开始为北京大学客座教授，2002 年起为复旦大学客座教授，2006 年为香港中文大学客座教授。2001 年受聘为路德宗世界联合会中国支部学术顾问、牛津宗教与社会研究所高级研究员。1992 年起任新加坡共和国总统宗教事务委员会主任。

钟教授学术兴趣广泛，主要致力于哲学、圣经学、神学、汉学、新约圣经、文化比较等研究。主要著作有《马可福音注释》、《约翰福音注释》及《政教分离：事实与神话》等。众多中、英文文章见于海内外学术论文集与学刊。

2010年10月20日章开沅先生、李向农副校长出席钟志邦讲座开幕式

钟志邦教授回答学生提问

# 美国柯白（Robert A. Kapp）博士讲学

应“章开沅东西方文化交流学术基金”邀请，原美中贸易全国委员会主席柯白博士作为2010年“章开沅基金学术讲座”教授，来我校进行为期一周的访问讲学。

2010年11月10日下午，柯白博士在逸夫国际会议中心为广大师生做了题为“21世纪的中国与美国：快速变化中的希望与忧虑”的讲座。讲座由马敏校长主持。

章开沅为美国柯白博士的演讲作点评

柯白博士首先回忆了三十多年前首次到中国以及认识章开沅先生的经历。他认为经过三十多年的变化，在中美双方官员和学者不断的沟通、交流下，中美关系已取得长足进展。在总结当今中美关系时，柯白博士认为，中美两国由于历史原因，相互存在根深蒂固的成见，这种改变的过程是很漫长的，但依然有所前行。

在现在的中美关系条件下，柯白博士认为，民间交流是促进中美交流的关键因素。柯白博士将自己定位为中美关系的桥梁，强调要审慎而客观地看待中美关系历史问题和现有问题，一定要避免罗曼蒂克主义，不能妄自笃信美国的一切；同时也要抛弃极端的怀疑态度，不能认为美国的一切行为都暗藏危机。他表示仍将不遗余力地促进中美关系和贸易发展。

最后，章开沅先生对柯白博士的讲座作了点评。他指出，柯白博士是真正促进中美关系友好发展的典范，为华中师大的国际交流与合作作出了重要贡献。而柯白博士长期致力于中美关系的友好发展，正是“章开沅东西方文化交流学术基金”的宗旨所在。章先生赞同柯白博士的观点，认为民间的交流是促进国家之间关系的关键因素。

## 周锡瑞夫妇与章开沅先生进行辛亥革命研究学术交流

应“章开沅东西方文化交流学术基金”邀请，美国加州大学圣地亚哥分校教授周锡瑞将对我校进行一周的学术访问。2011 年 4 月 22 日上午，章开沅在办公室接待了周锡瑞夫妇。

周锡瑞教授是当今美国的中国近代史研究领域中成就最大的学者之一，周锡瑞是他的中文名字，他的夫人是中国人。他的《义和团运动的起源》一书于 1987 年出版后，立即获得了国际学术界的重视。先后获得美国的中国学研究的两个最高奖——费正清奖和李文森奖——以及加州大学伯克莱奖。周锡瑞的主要研究课题是辛亥革命与义和团运动，长期关心的是农村社会和民众运动，而且持续关注着中国的革命运动。相关的著作有《现代中国：一部革命的历史》、《中国的改良与革命：辛亥革命在两湖》、《中国地方精神与主导形式》等。20 世纪 90 年代，他通过他的一些研究生开始注意到中国近代城市史和城市文化这个问题，并且主编了《中国城市的重塑》。

章开沅与周锡瑞等专家就辛亥革命研究的学术问题进行了交流。中国近代史研究所所长朱英、历史文化学院院长彭南生等参与了此次会谈。

会谈中，周锡瑞与章开沅对海外的辛亥革命研究发表了各自的看法。章开沅指出，今年是辛亥革命 100 周年，媒体对这段历史做了大量报道，但是我们对待学术的态度应该严谨，不能一哄而上。他还说到，我校资料非常多，且全部对外开放，包括最珍贵的原件，欢迎学者来我校查找资料。周锡瑞对此表示赞赏。

章开沅在办公室接待周锡瑞夫妇

周锡瑞教授讲座

## 美国中国近代史研究专家周锡瑞教授来我校讲学

应章开沅基金邀请，美国加州大学圣地亚哥分校周锡瑞（Joseph W. Esherick）教授作为 2011 年“章开沅基金学术讲座”教授，偕夫人叶娃女士于 4 月 21 日至 24 日来我校作了为期四天的访问交流。

周锡瑞教授专题系列报告讲座在我校逸夫国际会议中心举行。章开沅教授出席了此次讲座。讲座由马敏校长主持。讲座期间，周教授围绕其出版的新书《叶家》（*Ancestral Leaves*），以“家族命运与国家命运的关系”为中心、以对叶家家族的研究为背景，运用大量的史料来解读中国近现代时期叶家家族的发展及其折射出的中国式大家族的发展状况与国家的变革发展的密切联系。

在提问环节，同学们踊跃提问，提出了许多高质量的问题，周教授一一作了解答。此次讲座，周锡瑞教授以极其流畅的汉语、幽默风趣的谈吐、详实充分的史料、严谨周密的逻辑思维，给人以强烈的感染力，充分展现了大师的风采，让人受益匪浅、意犹未尽。

讲座结束后，章开沅先生作了精彩的点评，将讲座气氛推向高潮，为此次讲座活动画上了圆满的句号。

## 与韩国的交往

在章开沅先生的大力推动下，从 2001 年开始，华中师范大学与韩国新罗大学、岭南大学签署了校际交流合作协议。2001 年 12 月，华中师范大学成立了“韩国研究中心”。2002 年 5 月，岭南大学成立“中国研究中心”，并从 2002 年开始，我校每年派两名教师赴韩进行汉语教学。2004 年韩国驻华大使金夏中访问我校。2006 年 10 月，华中师范大学“韩国语中心”挂牌成立，第一批“1+4”项目本科生入学。至今，我校先后与韩国近 20 所大学进行了交流与合作，坚持每年和韩国的岭南大学、仁济大学等六所高校互派留学生，我校现有韩籍留学生逐年增多，并培养出了第一个获汉语言博士学位的韩国人。我校的韩国研究中心，现有专职人员 5 名，翻译并出版了大量关于韩国的学术著作。

章开沅在韩国新罗大学与我校签订校际交流协议大会上发表热情洋溢的讲话

## 韩国新罗大学与我校签订校际交流协议

2001年10月30日至11月1日，在老校长章开沅教授的促成下，韩国新罗大学朴海昆理事长、李炳华校长一行四人访问了我校。两校签约仪式在科学会堂举行，章开沅教授、马敏副校长等参与，谷士文校长代表我校与该校签订了校际交流协议。此协议的签订旨在广泛开展教育交流与合作，包括两校教师交流、学生交流、合作科研及学术资料交流等。

签订协议后中韩双方代表合影

## 韩国问题研究中心成立

2001 年 12 月 17 日韩国问题研究中心成立仪式合影

第一任“韩国问题研究中心”主任章开沅教授主持成立仪式

# 韩国驻华大使金夏中来校参观访问

2004 年 5 月 18 日下午，韩国驻华大使金夏中莅临我校参观访问，陪同人员有湖北省外办领导及韩国驻华使馆参赞、秘书等。章开沅教授、马敏校长、杨宗凯副校长与金夏中大使进行了热情洋溢的会谈。会谈中，马校长向金夏中大使介绍了我校韩国问题研究中心的情况。马校长说，我校将继续加强该中心的人员引进和资料储备工作，要将其建设成为中南地区与韩国交流的平台；同时正在建设可容纳 1000 名留学生的国际文化交流学院，借以扩大我校韩国留学生的规模。此外，还计划设立韩语专业。

章开沅教授介绍了韩国研究中心的研究情况，并对我校与韩国的进一步合作进行了展望。金夏中大使对我校与韩国的积极交流合作予以肯定，并表示将会积极促进韩国教育界与我校进行更为广泛的交流与合作。

会见之后，金夏中大使为我校 300 余名学生作了一场题为“中韩关系的现状与未来”的精彩演讲，从“中国人眼中的韩国”、“韩中关系发展的要素"、“韩流和汉风”、“与中国的缘分”、“韩中关系的展望”等几个方面进行了阐述，并希望同学们积极了解韩国文化，关注韩国发展，为中韩友谊的长远发展作出自己的贡献。

2004 年 5 月 18 日章开沅教授在行政楼西门迎接金夏中大使一行

与韩国驻华大使金夏中一行合影

信息链接

## “韩国语中心”成立暨岭南大学“1+4”项目开学典礼

2006年10月10日华中师范大学与岭南大学“韩国语中心”成立暨岭南大学“1+4”项目开学典礼在科学会堂隆重举行。华中师范大学校长马敏、副校长李向农、外事处处长翟建军，韩国岭南大学校长禹东琪、国际交流学院院长李东柱、师范学院院长徐钟学、师范学院韩文教育系教授申升容等人出席典礼。

马敏校长首先致辞，祝贺“韩国语中心”的成立和“1+4”项目首期开班，对岭南大学禹东琪校长一行表示最热烈的欢迎。马敏校长介绍了两校的学校概况和交流情况，高度评价了“韩国语中心”的成立和“1+4”项目的开办，这标志着两校的合作与交流步入一个新的发展阶段，这是华中师范大学与岭南大学两校合作交流的重要里程碑。随后马敏校长和禹东琪校长共同为“韩国语中心”揭牌。禹东琪校长发表讲话表示祝贺，并希望两校的交流为学生搭建更好的发展平台。

开学典礼后，马敏校长和禹东琪校长以及相关人员在科学会堂301室进行了亲切的交谈，并签署了交流合作协议。

2006年10月10日韩国语中心成立暨岭南大学“1+4”项目开学典礼现场

## 与日本交往

章开沅先生是少数理直气壮地为维护民族大义，在海外参与签名发起对日索赔的大陆学者之一，他为南京大屠杀取证的系列著作，是对日本右翼势力歪曲历史有力的回击。他到东京参加揭露日军侵华暴行的活动，是维护国家民族尊严的英勇斗士，同时他更是一位有眼光、有思想的学者。

关于如何对待日本侵华的历史，章开沅告诫人们："我们回忆充满恐怖与罪行的往事，绝不是为了复仇，而是为了寻求真理与伸张正义，同时也是为了汲取历史经验，教育包括日本在内的全世界人民，反对侵略战争，维护世界和平。"多年来章开沅先生致力于中日友好、倡导世界和平，主张人类和谐社会的创造。因此他结交了一大批日本爱好和平的人士和学者，并建立起双方长期的相互支援、合作、谅解的友情。其中有"野泽丰奖学金"的创建、池田大作研究所与涩泽荣一研究中心的成立以及池田大作思想国际学术研讨会的召开、日本关西大学河田悌一校长的来访等。这些都极大地支持了我校的发展，成为我校向国际化发展的重要组成部分。

# “野泽丰奖学金”颁奖仪式隆重举行

2005 年 10 月 14 日下午，第五届、第六届“野泽丰奖学金”颁奖仪式隆重举行。国际知名学者、日本的中国近代史研究专家野泽丰教授，老校长章开沅教授，校长马敏教授，朱英教授，罗福惠教授等出席，历史文化学院院长王玉德教授主持仪式。

2005 年 10 月 14 日章开沅在“野泽丰奖学金”颁奖仪式上致答谢词

马敏首先向远道而来的野泽丰老先生致欢迎辞。他代表全校师生向已 82 岁高龄仍抱病而来的野泽丰先生表示热烈欢迎。随后，朱英宣布了第五届、第六届“野泽丰奖学金”获奖名单，并解释了两次颁奖一起举行的原因。研究生郑成林、本科生李扬等人分别获得科研奖与学习奖。

野泽丰、章开沅、马敏为获奖者颁发了证书。获奖者代表尹倩博士发言。尹倩博士表示在“野泽丰奖学金”的激励下，将向更高的人生目标迈进，努力耕耘、回报社会，并希望学弟学妹们珍惜时间、努力学习、勤于思考、勇于质疑，不辜负学者、老师、同学以及亲人的期望。

野泽丰先生抱病发表讲话。他说自己已 82 岁，能否来这里自己都不自信。终于千辛万苦地来到这里，一来参加颁奖典礼，二来为章开沅教授的八十华诞祝寿，他感到十分高兴与荣幸。野泽丰先生讲述了他早期在日本东京教育大学担任教授以及后来参加的一系列学术活动与研究活动的情况，提到对中国近代史的研究也是源于浓厚的兴趣。他表示他找到了新的研究方向，那就是中国共和体制与日本天皇制的比较。他还提出了对日本现行体制的一些看法。他认为，作为一个学者，有两件事要做：第一，搞好自己的研究任务；第二，奖掖后进。他希望在有生之年，能支持更多年轻学者，弘扬学术之风。

随后，章开沅教授向野泽丰先生表示感谢。他说，野泽丰先生比他年长两

野泽丰、章开沅、马敏为获奖者颁发证书

岁，自己一直将他当兄长看待，野泽丰先生及其夫人也将他的夫人当作弟妹看待。这种学术界永恒合作的情谊在中日交往史乃至古往今来都是可以流传的。章先生对野泽丰先生讲话中提到的两个小掌故做出诠释，他说，他相信缘分，存在知觉，当年与野泽丰先生不约而同地研究辛亥革命就是一种缘分。只要有兴趣，有欲望，有追求，学问就能做好。野泽丰先生不仅是历史学者、历史教育家，更是历史活动家。章开沅说，很高兴野泽丰在身体欠佳的情况下还能来我校。“野泽丰奖学金”只是他公益事业的一小部分，一个老人将他的一生奉献给了教育事业，什么是高尚，这就是高尚。他为我们树立了人格典范。章开沅指出，今后的工作应该把中日关系引导到一个正确的认识上来，希望下一代中国人能够将这种友好交流传承下去。最后章开沅向日本代表正义的人表示崇高的敬意。

信息链接

野泽丰先生是第二次世界大战后日本学术界较早关心中国、研究中国近现代史的先驱之一。他在上个世纪八九十年代，就与章开沅先生建立了深厚的友情，并开始关注华中师大中国近现代史的研究。1991 年他将自己的私人藏书 1600 册捐赠给了华师历史所，后又向中国近代史研究所捐书 500 余册。

1997 年野泽丰先生捐资 500 万日元创设野泽丰奖学金。该奖学金分学术奖一项和学习奖两项，旨在奖励中国近现代史专业学术研究表现突出的研究生和学习成绩优秀的本科生。

2001 年 10 月 18 日我校第三届野泽丰奖学金颁奖典礼在中国近代史研究所隆重举行，正值野泽丰先生八十大寿，又逢辛亥革命九十周年。野泽丰先生借来汉参加辛亥革命九十周年国际学术研讨会之际，了却了他最大的心愿，就是能亲自为获奖者颁奖。他希望中日友好世代长存，中日青年学者共同浇灌史学友谊常青树。与此同时，中国近代史研究所中日学者济济一堂，共祝野泽丰先生健康长寿。

野泽丰、章开沅、马敏与获奖者合影

# 章开沅接待冲绳基督教大学校长

2006年9月21日章开沅向冲绳基督教大学校长赠书

与冲绳基督教大学校长一行合影留念

# 章开沅接待创价大学高桥强教授

2006年3月9日章开沅在学校池田大作研究所接待创价大学高桥强教授

▲ 华中师范大学与日本长崎纯心大学交流签字仪式双方代表合影

◀ 章开沅把自己的著作送给片冈千鹤子校长

## 我校与日本长崎纯心大学交流签字仪式举行

2006 年 11 月 2 日下午 3 时，华中师范大学与日本长崎纯心大学交流签字仪式在科学会堂举行。校长马敏、副校长李向农、学校外事处领导、国际文化交流学院领导以及来自日本长崎纯心大学的校长片冈千鹤子等一行出席了签字仪式。双方就学生交换、学术研究等方面达成了共识，并签定了关于校际交流的协议。

随后纯心大学片冈千鹤子校长一行到中国近代史研究所，拜访了我国最早从事中国教会大学史研究的章开沅先生。双方就共同关心的问题进行了交谈。最后，纯心大学一行参观了近代史研究所的资料室。

据悉，长崎纯心大学是一所宗教学校。

## 华中师范大学涩泽荣一研究中心揭牌

2006 年 9 月 26 日华中师范大学涩泽荣一研究中心揭牌仪式在科学会堂举行。马敏校长主持仪式，杨宗凯副校长宣读了学校关于成立中心的决定，章开沅教授和涩泽雅英先生为中心成立揭牌，章开沅教授致辞欢迎涩泽荣一研究中心学术组召集人。涩泽雅英先生也致辞表示感谢。

杨宗凯副校长为涩泽雅英、木村昌人、陶德民、于臣分别颁发了聘书。

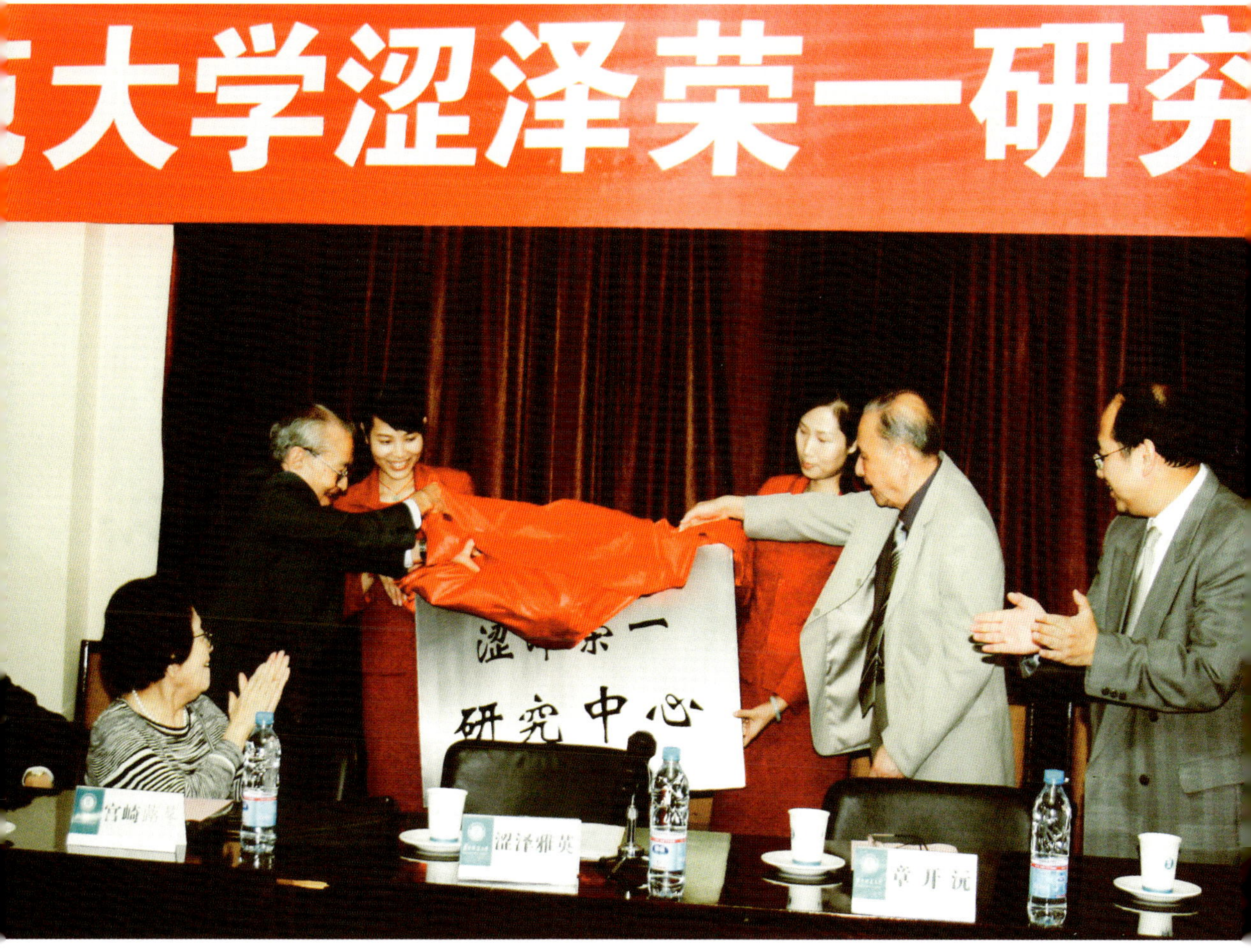


2006 年 9 月 26 日章开沅和涩泽雅英先生为中心揭牌

章开沅在华中师范大学涩泽荣一研究中心揭牌仪式上致辞

信息链接

涩泽荣一(1840 年 3 月 16 日—1931 年 11 月 11 日),日本明治和大正时期的大实业家,出身琦玉县的豪农家庭。

涩泽荣一自幼修汉学与习剑,明治维新改变了他的命运。1867 年,他作为日本使团成员出席了在法国巴黎举办的万国博览会,后又在欧洲游历近两年。当时欧洲的产业发展和经济制度给他留下了深刻印象,这为他以后的活动奠定了基础。回国后,他受明治维新政府之聘在大藏省任职,曾升任大藏大臣。他直接参与了政府的货币制度改革、废藩置县、发行公债等几乎所有重大政策的酝酿和制定。

1873 年,33 岁的涩泽荣一已经成为主管国家预算的大藏少辅。但是,涩泽荣一却做出了一件在当时看来不可思议的事情:他递交了辞呈,弃官从商。辞官后,涩泽荣一做的第一件事,就是组织创办了日本第一家股份制公司银行,并由此开始了极具传奇色彩的企业家生涯。业务涉及金融、铁道、海运、矿山、纺织、钢铁、造船、机电、保险、建筑等众多领域,一生创办了 500 多家企业,堪称日本近代的“实业之父”。

涩泽荣一还是将《论语》作为第一经营哲学的人。他的著作《论语和算盘》总结自己的成功经验就是既讲精打细算赚钱之术,又讲儒家的忠恕之道。

# 池田大作思想国际学术研讨会召开

2006 年 10 月 14 日，由我校与日本创价大学共同举办的池田大作思想国际学术研讨会在我校召开。研讨会以“和谐社会与和谐世界”为主题，系统回顾并讨论了日本著名学者池田大作先生的思想主张及其对中日关系发展的重要推进作用。出席此次研讨会的有：南开大学副校长孔繁丰教授，武汉大学副校长胡德坤教授，上海杉达学院副董事长强连庆教授，日本创价大学副校长马场善久，美国创价大学校长羽吹好史，及来自中、日、美三国 20 余所高等院校、研究机构的近百名专家学者出席了此次研讨会。

华中师范大学校长马敏指出，中日联合举办池田大作思想研讨会，对于推动池田大作思想研究、加强中日学术交流、增进中日友谊，具有十分重要的意义。他说，我校与池田大作及创价大学具有很深的渊源关系。2005 年 6 月，我校应邀对创价大学进行访问，授予池田先生华中师范大学荣誉教授称号，与创价大学正式建立了校际合作关系。我校还专门成立池田大作研究所，积极推进中日学术交流。

池田大作思想国际学术研讨会合影

2006年10月14日章开沅出席池田大作思想国际学术研讨会作书面发言

我校前校长、著名历史学家章开沅先生多年来致力于中日友好，倡导世界和平，主张人类和谐社会的创造。2005年12月，章开沅先生与池田大作先生的精彩对话，为各界所瞩目，他们的对话集将成为中日友好的重要见证。

章开沅教授在会上说："虽然日本发动了侵略战争，但池田先生秉承良知，旗帜鲜明地反对不义战争，在这方面我们的心灵是相通的。"章开沅强调，我们回忆充满恐怖与罪行的往事，决不是为了复仇，而是为了寻求真理与伸张正义。用历史来教育人民，唤醒亿万人民反对侵略战争并努力消除战争根源，乃是我们理应承担的时代使命。

武汉市委常委、宣传部长车延高希望研讨会能够通过对池田大作思想的学习探讨，进一步加深和增强世界范围内对"和谐社会与和谐世界"的理解认识，从而取得丰硕的学术成果。

据悉，为确保10月14日举行的"和谐社会与和谐世界——池田大作思想国际学术研讨会"举办成功，10月12日主办会议的两校领导作了会前的交流。出席会前交流的有：华中师范大学校长马敏、日本创价大学副校长马场善久、创价大学国际部长寿西宏友。双方就会议的部分具体事宜达成了共识。

# 涩泽荣一研究中心工作会议

2006年11月29日上午，由我校涩泽荣一研究中心与日本涩泽荣一纪念财团联合举办的工作会议在科学会堂204会议室召开。校长马敏、著名学者章开沅教授以及日方代表涩泽荣一纪念财团常务理事小松谆悦、涩泽荣一资料馆馆长井上润、涩泽荣一实业史研究情报中心负责人泉yasue等出席了会议。

马敏首先对小松谆悦一行的来访表示欢迎。他说，自9月26日我校涩泽荣一研究中心正式挂牌起，研究中心已经成立2个月了，时间虽然不长，可是已经制定了详细的工作计划，也做了大量的工作。

在听取了我校校长马敏、涩泽荣一研究中心副主任朱英教授、罗福惠教授分别对武汉和我校所做工作的简要介绍之后，日方代表详细介绍了日本涩泽荣一资料馆和涩泽荣一实业史研究情报中心的一些基本情况。

随后，章开沅教授发表讲话。他对三人的来访表示欢迎。他说，涩泽荣一纪念财团继承了涩泽荣一“论语加算盘”的优良传统，他从心底对双方友好的文化交流表示欢迎。他将一个新的研究领域的开辟誉为“从书架开始”，并讲述了自己几次“从书架开始”的经历。章教授表示他希望和大家一道再经历一次书架逐渐充实的历程，这既需要国内学者的共同努力，也少不了日方的大力支持。他着重讲解了撰述“涩泽荣一年谱长编”以及举办图片展览等计划项目的重要性与可行性。最后，章开沅教授表示：“只要双方合作，对于未来我是很有信心的。”

章开沅教授发言

涩泽荣一研究中心
工作会议现场

涩泽荣一研究中心工作会议会后留影

2007 年 1 月 12 日章开沅接受日本《朝日新闻》社采访

## 接受日本《朝日新闻》社采访

2007 年 1 月 12 日下午，日本第二大传媒《朝日新闻》的“人脉”栏目记者中岛隆先生为撰写以日本“近代实业之父”涩泽荣一为主题的系列文章，专程由日本来汉采访章开沅教授和马敏教授。

在我校涩泽荣一研究中心会议室，中岛隆先生开门见山地向章开沅教授和马敏教授提出“为什么要建立涩泽荣一研究中心?”、“章开沅教授是如何与日本史学界同行由相识到相知?”、“章开沅教授为什么要研究辛亥革命史与涩泽荣一?”等系列问题。

马敏教授首先向中岛隆先生介绍了我校涩泽荣一研究中心成立的经过，并将成立该中心的动因归结为二点：

（1）远因：学术发展的结果。章开沅先生长期从事张謇研究，因涩泽荣一与张謇有关，研究的视角自然会移至涩泽荣一；而且我校中国近代史研究所有雄厚的研究基础。

（2）近因：中日学术交流的进展。通过研究张謇而结识日本财团法人涩泽荣一纪念财团理事长涩泽雅英先生，双方在学术价值取向上有很多共识，均愿意合作。

章开沅先生除详细地回答了中岛隆先生提出的问题外，还向中岛隆先生介绍了他从事辛亥革命史研究的情况以及他与日本研究辛亥革命第一学者野泽丰先生的深厚友谊。他表示，作为与孙中山先生同时代的近代著名实业家，日本的涩泽荣一与中国的张謇有着很多的相似之处，他们的宏伟实业和高尚人格对于当时的日本社会和中国社会都产生了深远的影响，是非常值得进行深入研究的对象。章开沅先生还向记者简单回顾了他经历过的抗日战争和解放战争时的情形，特别结合自己的家世兴衰、战争体验与具体事例，强调中国政府与人民一贯重视中日友好，希望日本政府从历史中汲取经验教训，以邦交正常化作为处理中日关系的行为准则。他说，中国和日本一衣带水，两国友谊源远流长，深入研究涩泽荣一及其对中国近代实业发展的影响将有助于增进中日两国人民的相互了解，共同建设中日睦邻友好关系。

《朝日新闻》“人脉”栏目以回顾历史人物而展现一个时代的变迁为旨趣。章开沅教授的肺腑之言，打动了中岛隆先生。中岛隆先生一再诚挚地表示，此次采访对话非常坦诚，非常成功，他本人也深受教益。要通过自己的文章将中国人民过往的痛苦与真诚的友谊呈现给日本人民。《朝日新闻》的日报和晚报总发行量约为 800 万份，在日本民众中有着很大的影响。此次采访也将有益于在日本扩大我校的影响。

与日本《朝日新闻》社记者中岛隆合影

渡边信夫讲座

认真听讲座

## 日本学者渡边信夫讲座——中日友好新时期的思考

2008 年 5 月 27 日，日本著名神学者、文学博士渡边信夫先生来我校进行了以“中日友好关系新时期的历史与文化思考”为题的演讲。章开沅教授出席讲座。

渡边信夫 1943 年就读京都大学哲学科时，被日本政府动员出征成为海军士官，他在参加海军八个月后，第二次世界大战便结束了。他亲眼目睹了战争的惨状，讲座中向同学们讲述了日军侵华的暴行以及一些鲜为人知的真相。渡边先生的此番经历使得信仰基督教的他战后一直对日本国家及基督教会的战争责任有强烈的负罪感，开始从事日本基督教和平运动。

在讲座中，渡边信夫博士讲述了自己的经历，以及对日本侵华战争的谴责，同时也让在座的同学们了解到了当时日本的真实情况。对于中日关系，他特别强调了文化上的交流，这是两国关系未来将要面对的。

演讲结束后，章开沅教授用朴实而又不乏幽默的言语为此次讲座总结并寄语。他说自己也是八十多岁的老人，与渡边先生同为战争的经历者、见证者、受害者和研究者，都在尽自己的努力推动中日和平。同时，他也希望在座的学生能够学会理解日本人民的欢乐与悲痛，与日本青年共同推进新时期的中日友好关系。

# 日本关西大学河田悌一校长一行访问我校

2008 年 10 月 13 日，日本关西大学河田悌一校长、国际事务中心主任凯特由利子女士、文化交涉学教育研究中心陶德民教授及行政主任岡田弘行先生一行访问我校，并参加“关西友好周”活动。我校党委书记丁烈云及相关院系的职能负责人在行政楼三楼会议室接待了关西大学一行，并进行了座谈。

我校与关西大学的友好关系开始于上世纪 80 年代，前校长章开沅教授和关西大学的不断交往，为双方友好关系的建立奠定了深厚的基础。多年来，两校学者多次互访，进行学术交流活动。河田悌一 80 年代曾在华中师大作访问学者，对华中师大有深厚感情。他用中文发言，高度肯定了华师的飞速发展，并对关西大学近年的发展情况作了概述。

双方就关西大学文化交涉教育研究中心与我校中国近代史研究所的合作、开展本科学生交换项目、开展研究生特别是博士研究生联合培养项目等相关事宜进行了深入探讨，期待有更广阔的合作发展前景。

老朋友相见

与陶德民教授互赠礼品

与日本关西大学河田悌一校长一行合影留念

今年是《中日和平友好条约》缔结 30 周年。中国人民对外友好协会、湖北省人民政府、日本国土交通省、关西经济联合会和关西广域机构拟于 2008 年 10 月 24 日至 25 日在湖北共同举办“中日和平友好条约缔结 30 周年纪念——中国·湖北日本·关西友好周”等活动，以积极推进和加强日本关西地区和中国中部地区在政治、经济、观光旅游及文化教育等方面的合作和交流。我校届时将承办“中国人关西行”等教育文化交流和讲座活动，进一步推动双边关系，加强合作交流。

10 月 13 日下午，章开沅先生在中国近代史研究所会见了日本关西大学代表团、文化学园代表团关西大学校长河田悌一一行，双方就文化交流合作事宜进行了交谈。章开沅先生回忆了在日本关西大学做交流的经历，作为第一批“访日”学者，他表示，中日之间的交流，尤其是在中国近代史研究上的交流要更加具体。现在第二批交流学者正在开展深入的交流，同时还要努力培养更加年轻的第三批交流学者。“我自己已经做不了什么了，但我可以给大家当啦啦队员，就像我看奥运会一样，一边看、一边心里喊加油”，章开沅教授风趣地说道。

陶德民教授介绍了成立“东亚文化国际论坛”的设想。他希望能联合包括华中师范大学、台湾大学在内的几所高校共同开展此项研究。

“中国的事情不向中国的学者请教是不行的”，被称作“汉学家”的河田悌一教授强调，他希望能通过多种形式的合作进一步加强两校之间的学术交流。

致欢迎辞

河田悌一教授演讲

## 河田悌一教授入座第 53 期博雅大讲堂

2008 年 10 月 14 日下午，在华中师范大学九号楼一楼报告厅，日本关西大学校长河田悌一教授入座我校第 53 期博雅大讲堂。他以李大钊的“时间论”为主讲题目，给同学们带来了一场精彩的演讲。

开讲之前，举行了简短的欢迎仪式，仪式由李向农副校长主持，章开沅教授致欢迎辞，并向河田悌一教授赠送了一套湖州毛笔。

章开沅赠送河田悌一湖州毛笔

认真听讲

# 涩泽荣一纪念财团代表及哈佛大学傅高义教授来访

2008年12月10日上午，校党委书记丁烈云、章开沅先生等在行政楼一楼接待室会见了美国哈佛大学傅高义教授（Prof. Ezra Vogel）和日本涩泽荣一纪念财团代表小松谆悦常务理事及木村昌人部长一行。

丁烈云首先对傅高义教授一行的来访表示热烈欢迎。他从学校的历史沿革、地理位置、人才培养、办学规模、学科优势及发展定位等几个方面对学校的情况作了介绍。

小松谆悦在会谈中对章开沅先生创办的涩泽荣一研究中心表示了感谢，并希望能继续加强交流。涩泽荣一纪念财团将对我校涩泽荣一研究中心的4项计划给予支持，并资助我校一名学生2009年度到日本关西大学学习。其中的一项计划即邀请世界著名学者傅高义教授来我校做“涩泽荣一纪念讲座”之“第二次世界大战后的中日关系”的主题讲座。

章开沅先生博学、睿智和幽默的谈吐使会谈气氛热烈

傅高义教授精通中文和日文，对中国历史、经济及社会发展颇有研究，被认为是美国唯一一位对中日两国事务都精通的学者。曾撰有《日本第一》、《日本的中产阶级》、《重整旗鼓——重建美国实例分析》等著作。从20世纪70年代开始，傅高义对我国广东社会经济情况进行考察和研究。撰有《共产主义制度下的广东：一个省会的规划和政治(1949—1968年)》。

章开沅教授发言

与涩泽荣一纪念财团代表及哈佛大学傅高义一行合影

傅高义教授做客涩泽荣一纪念讲座

章开沅致欢迎辞

# 日本防卫大学校长来访我校

2009 年 12 月 24 日上午，日本防卫大学校长五百旗头真与涩泽荣一纪念财团常务理事小松谆悦访问我校。校长马敏和章开沅教授及相关单位领导在行政楼会见了代表团。

会见在融洽的气氛中进行。马敏首先介绍了我校近年的建设与发展。章开沅在会上提到自己参加抗战的经历。中日双方最终达成共识：和平很重要，战争是两伤。

与日本防卫大学校长一行合影留念

涩泽荣一纪念讲座现场

## 我校与涩泽荣一纪念财团联合举办“世界格局下的中日关系”讲座

2009年12月24日下午，由华中师范大学涩泽荣一研究中心和涩泽荣一纪念财团联合主办的“世界格局下的中日关系”讲座在我校科学会堂报告厅举行。日本防卫大学校长五百旗头真担任主讲。著名历史学家、我校老校长章开沅教授出席讲座。

五百旗头真以中日近三十年来的交流史为主题，以时间为脉络，在回顾中日两国几千年交流史的基础上，分析了中国改革开放以来中日两国的友好交往和矛盾冲突。谈及当下的世界局势，五百旗头真认为，经过经济危机后仍保持高速发展的中国更加受到世界的瞩目，“中国将掌握21世纪的命运”，“相信并期待中国成为给世界带来和平与幸福的国家”。他说：“过去的历史已成为永远的过去，我们希望和中国共同建设一个世界性的、更广泛的、更加相互扶持的美好的21世纪！”

讲座结束之后，章开沅教授发表了热情洋溢的讲话。他首先感谢主办方提供这个重要的中日友好交流的平台，鼓励学子们与五百旗头真校长在网络上进一步交流。同时，他向在场学生强调要珍惜来之不易的和平。他说：“那一刻，两路人都渴望踏上回家的路。我突然明白了，和平很重要，战争是两伤。”

日本防卫大学校长五百旗头真讲座

章开沅教授发表了热情洋溢的讲话

# 广结良缘

章开沅先生以他广阔的胸怀、高深的学问、强大的人格魅力享誉海内外。他在办学思路和学术领域都有独特的见解和精辟的论述。他虚怀若谷，乐于助人，知无不言，言无不尽。每次都能给人以启发，所以他的朋友遍天下。

这一部分记录的是章开沅与美国及我国台港澳等地学界的交往，其中促成余家菊奖学金在我校的设立以及开展的各项活动单独组成一个单元。

# 章开沅接待高尔夫城市花园代表

2003 年 3 月 17 日章开沅接待高尔夫城市花园给我校提供奖学金的代表

# 章开沅教授会见韦政通先生

2006年4月13日，受中国近代史研究所邀请，国际著名思想家、哲学家、台湾资深学者韦政通先生来我校讲学。当天下午，章开沅教授亲切会见了韦政通先生。两位大师一见如故，相互交流了两岸学术的发展情况。章先生介绍了目前大陆学术研究的基本现状，并谈到目前学术界比较突出的学风和学术管理体制问题；韦先生则介绍了民进党主“政”以来台湾学术的一些不健康动向，对台湾学术的这些负面现象也深感忧虑。两位大师都希望青年学者能够坚持学术理想，在功利化的管理体制下能够有所超越；更希望学术界能够逐渐养成一种独立的学术精神，使中国学术真正稳健地走向现代化。只有思想文化现代化了，才能足够支撑国家硬件方面的现代化。

章开沅教授亲切会见韦政通先生

## 章开沅出席余家菊奖学金颁奖仪式

2004 年 12 月 23 日余家菊奖学金颁奖仪式现场

章开沅出席颁奖仪式并讲话

## “余家菊与近代中国学术研讨会”召开

2006年8月17日至20日，由著名历史学家、我校前校长章开沅教授发起并组织的“余家菊与近代中国学术研讨会”在武汉召开。会议议程分为两个阶段：前期在我校举行研讨活动；后期与会者们参观黄陂大余湾余家菊先生故居。

17日上午，研讨会开幕式在我校桂苑宾馆报告厅举行。章开沅教授，台湾著名学者、余家菊幼子余传韬教授，湖北省教育厅副厅长周洪宇教授，我校副校长李向农教授以及来自海峡两岸的40余位专家学者出席开幕式。余传韬和李向农给“余家菊教育思想研究奖学金”的获奖者颁发奖证。

章开沅先生在开幕式上发表了重要讲话，他指出：“目前很多高校喜欢引用国外的学术成就甚至国外人才来填充自身实力，而忽视了传统教育学者的观点与成就。举办这样的研讨会，正是要还原历史真相，打破学术陈见，积极开拓新的学术研究领域。”

下午，与会代表开展了小组讨论。主要围绕三方面论题展开：

一是研究和探讨余家菊在中国教育发展史上的地位及贡献。他不仅是中国近代史上最早的乡村教育倡行者和理论建构者，而且是中国近代新式学校军事训练的最初提倡者，更是上世纪二十年代中期非基督教运动和收回教会教育权运动的

余家菊与近代中国学术研讨会开幕式在桂苑宾馆多功能报告厅举行

积极推行者。

二是研究和讨论了余家菊与周边社会、人物之间的关系，探讨余家菊与武汉地区的社会教育、近代中国政治政党的关系等，其中对余家菊与恽代英之间的友谊以及对其政治思想取向的探析用功较多。

三是研究分析了余家菊与“国家主义”的内在联系。

此次学术研讨会的召开，对余家菊研究来说是一次开启山林的举措；对近代中国历史尤其教育史的研究来说，则是一次开拓领域的学术活动。同时，余家菊在中国近代史上具有特殊身份和地位，这对于中国海峡两岸加强文化交流、走向统一具有积极的推进作用。

8月19日下午，与会者们参观了黄陂余家菊先生故居大余湾，并游览了黄陂的木兰山风景区。研讨会于8月20日在黄陂闭幕。

信息链接

余家菊，1898年出生于湖北黄陂，中国近代著名的教育家、思想家、社会活动家。早年曾就读于我校前身武昌文华书院和武昌中华大学，与恽代英等5人是中华大学首届毕业本科生；后参加中国青年党，于1949年赴台湾，于1976年在台湾病逝。余家菊一生担任过多所著名高校教授，参与编辑出版《中国教育大辞典》，撰有《中国教育史要》、《师范教育》、《教学原理》、《国家主义的教育》等多部研究教育的学术著作，在多个教育领域都有独到的见解并进行过深入的研究。

章开沅与会作重要发言

给“余家菊教育思想研究奖学金”获奖者颁奖

参观余家大湾

游览黄陂木兰山风景区

余家菊与近代中国学术研讨会闭幕式在黄陂区召开

2007年9月2日马敏校长代表学校接受余家菊奖学金捐赠

## 2008年余家菊奖学金转交仪式

2008年10月22日，台湾清诚文教基金会主席、余家菊先生之子余传韬先生一行专程来到我校，在中国近代史研究所与原校长章开沅教授就学术问题进行了亲切交谈，并举行了余家菊奖学金转交仪式。研究生处的代表对余传韬先生表示感谢，并介绍了余家菊奖学金管理、评奖情况。会后，章开沅教授与余传韬先生合影留念。

2008年10月22日参加余家菊奖学金捐赠仪式

## 旧金山大学吴小新博士来访　推广"伙伴学习"教育模式

2008 年 4 月 24 日下午，校长马敏会见了到访的美国旧金山大学利玛窦中西文化历史研究所所长吴小新、"伙伴学习"推广中心发展规划主任罗四维、执行主任李明慧一行。同时参加接待的有外事处、国际文化交流学院、中国近代史研究所、教育学院、社会学院的相关负责人。

在听取了"伙伴学习"的相关情况后，马敏简单介绍了免费师范生教育体系，并表示两种教育模式都旨在培养学生能力，是教学方法上的改进。他说，我校即将成立中部地区教师教育创新平台，正是以一种"全人教育"的思想来培养素质更全面的教师，旨在培训师范生，同时也会培训各高校有志于从事教育事业的学生。

随后，罗四维一行到中国近代史研究所拜访章开沅教授，并就"伙伴学习"及其影响等问题进行了探讨。

"伙伴学习"是实践教学模式的一个创新，旨在让学生通过社会工作与他人进行合作，在"激发自身潜能，塑造完整人格"的同时，帮助合作伙伴实现双赢。"伙伴学习"推广中心主要负责介绍学生参与境外的社会工作，体验不同文化。

章开沅心情非常好

一见如故

会见后留影

# 香港中文大学杜祖贻教授畅谈世界一流大学的建设

2008 年 7 月 8 日，香港中文大学教育学院前院长、美国密歇根大学教授杜祖贻先生在我校作了一场题为“成为世界一流大学的基本条件与机遇”的学术报告。老校长章开沅先生、校长马敏等校领导出席，相关机关干部、学生辅导员参加了报告会。

杜祖贻首先分析了世界一流大学的特点，指出世界一流的大学都拥有明确的教育目标、优秀的学术团队、深厚的历史传承。他结合自己的经历和思考，阐述了我国高校在建设世界一流大学过程中所面临的问题，并就如何建设一流大学，提出了自己的看法。他提到既要保持自己的传统不丢失，又要保持学校发展目标的稳定性和持久性。杜先生最后介绍了目前大有可为的一些学术领域。杜先生言谈之中透露出来的强烈的爱国主义精神，令听者为之动容。

章开沅先生在随后的讲话中感谢杜先生的精彩报告，并对杜先生的爱国主义精神和学术研究精神表示敬佩。他说，香港中文大学和我校都在开展办学理念的讨论，两校可以互相借鉴交流，为建设世界一流大学共同努力。

杜祖贻先生作学术报告

章开沅先生致感谢辞

听到精彩处

# 加拿大拉瓦尔大学李晟文教授访问我校

2010 年 6 月 7 日上午，加拿大拉瓦尔大学教授李晟文访问我校，就学术研讨、国际学生交流等多个方面与前任校长章开沅、现任校长马敏进行了磋商。

李晟文首先拜会了章开沅教授，就基督教在中国的传播发展进行了深入探讨。章开沅说，今年恰巧是意大利人利玛窦诞辰 100 周年，他作为将基督教传入中国的第一人，对基督教在中国的发展起到了不可估量的影响。李晟文和章开沅都对中国明清史、近代史有很深的造诣，两人交谈甚欢，只言片语间都可窥见睿智的光芒。

李晟文教授硕士毕业于南开大学历史研究所，1992 年奔赴加拿大攻读博士并于 1998 年完成博士论文《十七世纪法国耶稣会士在新法兰西与中国传教策略》(法文)。2001 年，修改后的论文在加拿大拉瓦尔大学出版社和法国巴黎的拉尔马唐出版社同时出版。2002 年，该书在加拿大的全国人文与社会科学类学术著作评比中被评为 2001 年度加拿大出版的最优秀的四部人文与社会科学学术著作之一。

加拿大拉瓦尔大学教授李晟文拜访章先生

2011年3月3日章开沅会见书法艺术家章元

# 博雅 育人

校园博雅广场上章开沅先生题写的博雅石

# 章开沅给 2002 级新生作报告

2002 年 9 月 9 日，由学工部组织的 2002 级新生入学教育报告会在电影场举行。我校前校长、著名历史学家章开沅教授为 3 千余名新生作了题为“在 21 世纪，我们要做怎样的大学生”的报告。

章开沅教授首先祝贺大家成为新一代华师人。他认为，当代大学生要做公民的表率，要注重人格塑造，从学问、道德、人品等方面来完善自己，争取做“人类社会最优秀的人”；大学生要关心人类，关心人类的命运，学会人与自然和谐相处，提倡人文关怀。

章开沅教授深情地回忆了华师百年校史和自己的个人奋斗史，寄语同学们要珍惜大学时光、热爱华师、树立华师意识、弘扬华师光荣传统，做到“今天你们以华师为荣，明天华师以你们为荣”，学习华师一代代学子奋斗不止、不断开拓的精神，将来为华师、为全社会作贡献。

章开沅给 2002 级新生作报告

报告会现场

2003 年 9 月 9 日 2003 级新生开学典礼

## 百年校庆中的章开沅

2003 年 3 月 28 日章开沅在学校征求老校领导对校庆录像片意见会上发言

2003 年 10 月 15 日章开沅出席校庆“老协”理论研讨会

2003 年 10 月 7 日章开沅参加校庆晚会彩排

2003 年 10 月 8 日章开沅与杰出校友陈振翠、董宏猷等观看校庆晚会

2003 年 10 月 8 日章开沅在学校百年校庆晚会上高呼“华师万岁!”

2003 年 10 月 8 日百年校庆晚会上与摄影组学生记者夏爱、徐道发合影

百年校庆期间与原国家教委副主任邹时炎等校友合影

2003年10月7日校庆期间章开沅接待雅礼协会外宾

2003年10月7日校庆期间章开沅接待台湾中原大学代

百年校庆期间与历史系校友合影

第四届两岸三地历史学研究生论文发表会开幕式现场

章开沅在开幕式上讲话

## 两岸三地历史学研究生论文发表会在我校召开

2003年10月15日上午，以“近代中国社会转型与变迁”为主题的第四届“两岸三地历史学研究生论文发表会”在我校学术交流中心一楼举行。

我校前校长章开沅、校长马敏出席了开幕式并致欢迎辞。开幕式由近代史研究所的朱英教授主持。香港珠海大学校长张忠楠教授和台湾政治大学周惠民教授也分别致辞。我校中国近代史研究所的教授和工作人员均参与了此次发表会。

本次研讨会由华中师范大学、政治大学历史学系和珠海大学亚洲研究中心共同主办。研讨会为期三天，共有十场报告会。参加报告会的代表分别来自华中师范大学、政治大学、台湾近代史研究所、台湾大学、成功大学、台湾师范大学、岭南大学、香港城市大学、香港中文大学、香港浸会大学、香港珠海书院、中山大学、中国社会科学院、武汉大学、北京大学、上海师范大学、湖南师范大学、南开大学、复旦大学、南京大学、浙江大学、厦门大学和华东师范大学等二十多所大学和科研机构。

在报告会现场，与会代表积极参与对发表的论文的评论，有赞同的声音，也有批评的声音。整个报告会显示出了活跃的学术氛围。

互赠礼品

2002 年 5 月 16 日章开沅在科学会堂给研究生作报告后，为同学们签名

2002 年 6 月 12 日章开沅给历史文化学院学生作报告

2003年12月31日章开沅为学生题词——人文讲坛

人文讲坛

# 章开沅给学生作讲座

2004 年 6 月 12 日，在学校第一届校园开放日上作“读书与做人”专题讲座

2004 年 9 月 19 日，给 2004 级军训新生讲座

# 我校在湖北省率先成立素质教育研究中心

2004年12月29日下午，我校新成立的素质教育研究中心揭牌仪式暨报告会在音乐厅举行。省委宣传部副部长李子林、省文明办未成年人教育处副处长罗丹清、老校长章开沅、党委书记丁烈云、校长马敏、党委副书记何祥林等领导到会，各职能部门、院系负责人、辅导员、学生代表参加了揭牌仪式和报告会。党委副书记吴晋生主持了揭牌仪式和报告会。

党委副书记何祥林首先宣读了华中师范大学素质教育研究中心成立和任命陶宏开教授为中心主任的文件。在热烈的掌声中，老校长章开沅和党委书记丁烈云为素质教育研究中心揭牌。接着，省委宣传部副部长李子林代表省委省政府为研究中心和陶宏开教授赠送了“坚持以人为本，培育四有新人”和“关爱孩子楷模，网络文明先锋”两面锦旗。

章开沅教授指出：“网瘾几乎与毒瘾成为同义语，而且习染更易、传播更快、戒除更难。如何挽救这些上网成瘾的青少年，已经成为全社会最为关心的热点，它日日夜夜牵动着千家万户为父母者的心弦。我很高兴看到陶宏开教授见义勇为、挺身而出，倾注全部精力倡导并挽救这些为数众多的青少年的义举。作为他的业师与现今的同事，我感到极为欣慰，并且从这一行动的迅速发展中看到民族的希望及光明的未来。”

最后，马敏作了题为“以戒除网瘾为突破口，大力推进素质教育”的重要讲话。在讲话中，马敏高度评价了陶宏开教授“挽救上网成瘾者行动”在未成年人思想道德教育中的意义，阐明了成立素质教育研究中心的目的、任务和意义。他希望学校各部门和院系密切配合，把“素质教育”这面大旗在桂子山上树立起来，进而推向全国。

素质教育报告会在陶宏开教授的一曲《走进新时代》中开始，在报告中，他指出很多孩子上网成瘾有三个方面的原因：一是家庭教育不科学、不健康；二是应试教育，只教书不育人；三是庸俗不健康的社会文化环境。谈到如何解决这个问题时，陶宏开教授说，还是要推行素质教育。他希望大家都行动起来，真正把“素质教育”这面旗帜在华师树立起来。

据悉，“华中师范大学素质教育研究中心”将从理论和实践两个方面，开展以未成年人、大学生和成人为对象的系列素质教育教学和研究活动。

2004年12月29日章开沅出席素质教育研究中心揭牌仪式

章开沅、李子林、丁烈云听素质教育报告会

# 学校机关青年干部报告会

2005 年 5 月 9 日，老校长、著名历史学家章开沅为机关青年干部作了一场精彩的报告。

他结合自己在机关工作和出国学习考察的经历，教育青年干部要学会学习管理经验，加强沟通、注重人才、善于用人；树立“Problem，Patience，Prospect”的三“P”意识，即要有问题意识、实践意识、计划意识，并以充分的耐心去解决问题，从而创造美好的前景。

给机关青年干部作报告

为笛箫亭揭牌

# 犹忆玉屏笛箫声

——参加笛箫专场演奏会有感

2005年5月15日晚，应邀参加笛箫亭揭牌仪式，随后又欣赏了时尚旋律笛箫演奏。丰富多彩的节目，优美欢快的笛声，使我心旷神怡，与年轻人一起度过这美好的良宵。而学生送给我的一支长箫，则勾起我许多往事的回忆。

1938年秋，我进入国立九中学习。虽然校舍简陋，生活清苦，但却有许多可敬可爱的好老师，其中对学生影响最大的就是音乐教员瞿安华。他不仅课堂教学效果极好，而且善于组织课余歌咏活动；除多次组织四声部大型合唱外，还教会一批又一批学生拉二胡。难民学生买不起乐器，只有满山遍野捕蛇剥皮，偷摘马尾，利用竹筒自制二胡。尽管比较粗糙，然而熟能生巧，我们很快都学会演奏刘天华的许多名曲，如《良宵》、《光明行》、《空山鸟语》等。每当课余或假日，校园内外经常缭绕着悠扬的琴声，“弦歌之音不绝”。

从来不知疲劳的瞿老师，在艰苦岁月把我们引入美好的音乐世界，用音乐的乳汁滋育我们稚嫩的心灵，而那把二胡则从此伴随我流浪各地，琴声化解了我的乡愁、孤寂与饥寒。我永远难忘瞿老师对音乐的无限痴迷和对学生的深挚怜爱。

八年抗战好不容易在1945年8月15日胜利结束了，但我因为贫穷且无权势背景，一直熬到1946年8月才同一大批天涯沦落人复员还乡。我们弄不到船票，没有福气“即从巴峡穿巫峡”，而是舍近求远，取道西南公路，经贵州到湖南，然后从衡阳转火车到武汉，再换轮船东下返乡。西南公路盘山环行，崎岖艰险，汽车又多是以木炭代汽油的老爷车，所以一路风餐露宿，灰头土脑，非常辛苦。有天黄昏，汽车停在贵州玉屏，借宿在车站边一家山村野店。年轻人生性好动，听说玉屏以产箫闻名，顾不上洗去风尘便蜂拥而至附近集镇买箫，我也随俗买了一支。这支箫与我在重庆以复员费的一半在旧货店买的一把楠木柄蟒皮二胡，遂成为我随身携带的最贵重的财产。

山村夜晚极为寂静，月光似水从窗外洒进床边，只听得微风吹拂竹林簌簌作响，邻近小溪淙淙流过山谷，偶尔还传来游子吹奏的略带乡愁的箫韶之音，简直像是天籁一般使人沉醉。这是一个不眠之夜，箫声撩动了多少浪迹天涯的游子心弦。思乡情切，近乡情怯，八年离乱以后，故园何状?家人安否?……我永远难忘这个夜晚，难忘这凄美的箫声。

我终于回到自己的老家，见到离别已达八九年的亲人。但这支箫却一直挂在卧室墙上，从来不敢吹奏。因为姐姐告诉我："由于长期接不到你的来信，母亲总以为你死在四川，日夜思念，眼泪都快流干了。"我怕惹慈母伤心，从此放弃学吹箫的念头，连二胡也不再敢拉《病中吟》之类感伤乐曲。因此，当现今听见笛箫可以演奏《喜洋洋》、《紫竹调》、《好日子》等欢快而又优美的旋律时，我又后悔当年未曾学笛箫。

我好羡慕今天的年轻同学，你们今天生活安定、衣食不愁，可以在美丽的校园里努力学习、健康成长，并且可以充分享受课余生活的各种有益乐趣。我为大学生在此次活动中展示的组织能力与艺术才华感到由衷的欣慰。我对热心指导、支持此次活动的农新瑜、周可奇等老师特别敬佩，仿佛在他们的身上又看见瞿安华老师的影子。音乐是生命的甘泉，好的音乐可以引导青年追求真善美的人生，我愿有更多的师生参与此类社团活动。

回想50年前，当我经过八年离散终于回家时，祖父一见面就沉重地说："乱世人不如太平犬!"这句话包含着多少国家与家族的痛苦与辛酸，仅就个人而言战争就夺去我三个弟弟的生命，一个死于七岁，两个亡于襁褓之中。所以，我们不仅要珍惜今天的幸福，而且要珍惜和平、保卫和平，决不能再让中国人民重受侵略战争的苦难。这是我发诸内心的对当代青年的叮嘱。

学生送给章先生一支长箫

欢迎章开沅先生

与全体演员合影

## 美国奥古斯坦纳大学合唱团与我校天空合唱团联合演出

2005 年 6 月 1 日晚，美国奥古斯坦纳大学合唱团与我校天空合唱团在音乐厅联袂演出。奥古斯坦纳大学校长 Bahls 夫妇及其所率领的访问团、我校党委书记丁烈云、老校长章开沅以及相关职能部门负责人出席和欣赏了音乐会。来访的奥古斯坦纳大学合唱团在 On Hurry 的指挥下合唱了《欢乐之歌》、《水夜》、《玄鸟》、《当我 64 岁时》、《登上顶峰》等八首歌曲，纯英文唱法令在场观众陶醉不已，掌声迭起。随后，由我校音乐学院田晓宝老师指挥天空合唱团演唱了《小白菜》、《春天来了》、《等》、《回忆》、《放风筝》、《送我一支玫瑰花》等十首歌曲。最后，两团分别以交叉指挥的形式合唱了中国名曲《牧歌》和外国名曲《哈里路亚》，把音乐会推向了最高潮。

据悉，奥古斯坦纳大学和我校自 1986 年开始交往至今已合作近 20 年，取得了很好的效果。迄今为止，奥古斯坦纳大学共派驻 30 多位教师在我校任教，我校也派出 20 多位教师前去进修。

# 章开沅教授捐献白冠长尾雉

2005年10月9日，老校长章开沅教授将自己珍藏多年的一具生物标本——白冠长尾雉捐献给了校生物标本馆。这是校生物标本馆首次接受捐赠。

据悉，章开沅所捐的标本“白冠长尾雉”是因雄鸟的头顶和颈部均为白色，而羽尾又特别长而得名，属我国特有，是十分珍贵的濒危物种。白冠长尾雉羽毛华丽，对中小学生和大学生来说是很好的自然教材和爱国主义教材。

捐赠现场

## 章开沅教授与博雅网友面对面

2006 年 6 月 2 日晚，章开沅教授应学校宣传部的邀请，与心理专家汪海燕老师、人生规划专家谢员博士、优秀毕业生黄振宇一起做客博雅 BBS，与网友进行在线交流。

章开沅教授首先就有关华中师大的国际化的问题提出了自己的看法。他表示，华中师大的前身是教会大学，从一开始就是国际化的，原来的校长韦卓明教授在国际上早就有一定的知名度。华中师大的目的就是在国际化的水平上走得更远。国际化不仅仅是要请一些国际上的教授进行授课，更应该把华中师大放在国际化的大背景下，从全人类的需要来确定自己的办学方针。现在，学校已经在邀请国际教授进行授课上作了一些努力。

在被问及学校国际化是否仅仅是留学生数量的问题时，章开沅教授表示，我校 400 名留学生并不算多，而且我们的硬件设施不是很够，这方面我们要更加努力。现在，我们还要注重质量，而不是一味地要求数量上的提高。我们应该更加注重自己学科的建设，在质量上下功夫。章开沅强调，国际化最主要的是要求我们有国际化意识和国际化的头脑。

有网友紧接着谈到大家关心的英语学习问题，章开沅教授肯定了英语的重要作用，他说：“不要一味强调学英语的困难，不然就没资格做大学生。当然，一味地重视英语不重视中文也是不对的。”

一位来自历史文化学院的网友对有关文化遗产保护的问题表示关心，在提到有关韩国申报端午节为本国非物质文化遗产的问题时，章开沅教授表示：“经过一千多年的发展，韩国的端午节已经与我们的端午节很不相同。对于韩国申报，应该以其中中华文化的因子而感到高兴。”他强调：“不能为了申报而申报。更关键的是要把文化内涵继承下来。”对于我校历史文化学院新开办的文化遗产专业，他表示：“我没有看过第一手资料，不便于对新开的文化遗产专业做一个评论。对于专业设置，我不希望从市场的需要来考虑这个问题，更重要的是从社会需要的角度考虑。中国这样一个大国，最怕一哄而上。”

在谈到学习历史的问题时，章开沅教授表示：“历史最重要的不是事实，而是事实中所蕴藏的智慧。不要将史学作为迎合的工具。”

章开沅教授还表示，他会关注 BBS，“因为这是学生原生态的一种发言、一句话、一个符号、一个标点，都是学生们所想的，通过博雅 BBS 增强了我对学生们的了解”。

章开沅教授入座学校网站与广大网友“博雅面对面”

## 观看《愿蓝天更蓝》晚会

2007 年 1 月 17 日晚，由陶宏开教授主演的“素质教育、健康上网”全国行主题晚会《愿蓝天更蓝》在华中师大音乐厅举行。国家部委领导、专家和我校老校长章开沅先生、校长马敏等校领导观看了精彩的晚会。

观看演出

与陶宏开等合影

# 与学生面对面

2007 年 6 月 21 日在校园里与学生亲切交谈并留影

2009 年 10 月 18 日与社团招新的同学亲切交谈

2009 年 10 月 18 日章开沅教授走进社团招新现场

## 章开沅为我校同学演讲《从牛津到金陵——为了忘却的纪念》

2007 年 12 月 10 日下午，为纪念南京大屠杀 70 周年暨贝德士博士诞辰 110 周年，华中师大资深教授章开沅先生为本科生作了题为“从牛津到金陵——为了忘却的纪念”的演讲。

章先生讲述了南京大屠杀的惨状，勉励同学们作为历史的传承者，不要忘却历史，要保持历史的真实性。他说：“历史是不应当忘却的，但是历史也是可能被忘却的，存在的只有记忆，而记忆是靠人类来传承的，靠文字、靠语言、靠各种传媒工具。行恶的人希望历史消失，但受难的人、伸张正义的人一定希望保持历史的真实。”他同时教导同学们要理性爱国，不要“重揭历史的伤疤，为历史复仇”。

接着，章先生回忆了自己当年在金陵大学历史系受业于恩师贝德士博士的经历，他怀着无比尊敬和缅怀的心情介绍了贝德士博士的生平尤其是其在南京大屠杀中为保护南京难民、保存历史真相所作的杰出贡献。

贝德士于 1897 年生于美国俄亥俄州，1916 年，获哈莱姆学院学士学位。1920 年，获牛津大学硕士学位，然后作为传教士前往中国金陵大学任

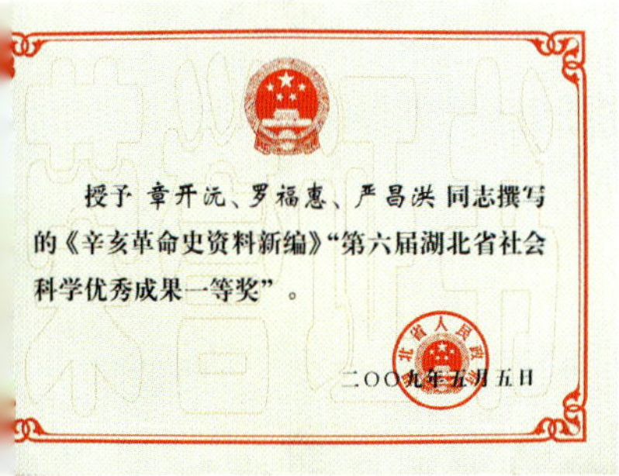


2009 年 5 月 5 日章开沅等的著作《辛亥革命史资料新编》获第六届湖北省社科优秀成果一等奖

展示大量的史料为同学们进行讲解

演讲后为同学们签字

教，创办了金陵大学历史系，后担任金陵大学副校长。1937 年，抗日战争全面爆发，贝德士以副校长名义负责留守金陵大学校产，并在南京沦陷前后参与发起和组织南京安全区国际委员会，冒着生命危险奋力保护部分南京难民免受日军的屠杀。1950 年，在华外国传教士纷纷撤离中国，贝德士也回国，并将他保存的各种有关南京沦陷后情况的文献资料以及南京安全区国际委员会的全部正式文件和大量的书信函件带回了美国，这些史料为揭露日军暴行提供了铁证。

1991 年，章先生前往美国耶鲁大学图书馆查阅资料，意外发现了贝德士博士生前所保存的有关南京大屠杀和南京安全区国际委员会的文献。章先生从此潜心发掘、整理贝德士收集的文献，先后出版了多本关于揭露南京大屠杀真相的著作——《南京大屠杀的历史见证》（湖北人民出版社 1995 年版）、《天理难容——美国传教士眼中的南京大屠杀》（中文版由南京大学出版社于 1999 年出版；英文版于 2001 年出版；日文版于 2005 年出版）、《从耶鲁到东京：为南京大屠杀取证》（广东人民出版社于 2003 年出版，2006 年获教育部历史学一等奖），在国际上引起了强烈反响。

2007 年 8 月，章先生在牛津访学一个月，他追寻贝德士的足迹，参观了老师当年就住的圣约翰学院宿舍和就餐的圣约翰学院餐厅；在波德林图书馆进一步挖掘有关贝德士的资料，并将自己保存的“贝德士博士与牛津”相关重要文献赠送给牛津大学。

演讲中，章先生将收藏的贝德士资料包括贝德士的肖像、出生证明、南京沦陷期间通行证、关于南京沦陷的报道和个人履历等以及牛津访学期间的有关图片向同学们一一作了介绍，对于贝德士博士为中国史学的转型、中国国际关系学科的建立及中国基督教史研究所所作的贡献给予了充分肯定。

# 湖北省素质教育研究会在我校成立

2008年4月24日，经湖北省教育厅、民政厅审核批准，由我校、中南财经政法大学、湖北大学、武汉科技大学中南分校等单位发起并组建的湖北省素质教育研究会宣告成立，这将揭开我省教育改革新的一页。

我校老校长章开沅、校长马敏，华中科技大学党委副书记欧阳康，中南财经政法大学副校长韩呼生，武汉科技大学中南分校校长赵作斌，湖北大学副校长顾豪爽，教育部基础教育司德育处处长于长学，湖北省民政厅民间组织管理处处长村夫、湖北省教育厅基础教育处处长彭水成等领导出席，湖北师范学院、黄冈师范学院、武警指挥学院、华师一附中、湖北省武汉市各区教育主管部门和中小学教师代表200余人参加了大会。大会由我校副校长李向农主持。

该研究会是湖北省内从事素质教育理论研究和实践工作的全省性、学术性、非营利性的社会团体。著名学者章开沅、杨叔子、马敏、吴汉东、周年丰等担任名誉会长，著名戒除网瘾专家、华中师大素质教育研究中心主任陶宏开教授担任总顾问。

该研究会的宗旨是：联系并组织具有相关系统科学理论和实践经验的专家学者，通过搭建与国内外教育家进行学术交流和研究合作的平台，加强对整体素质教育的理论、方法等方面的深入探索，由点到面地进行相关的试验和实践，努力推动教育观念、内容与模式的改革与创新，在湖北武汉地区以及全国积极推广整体素质教育，为深化教育改革、振兴我国的教育事业，为实现整个中华民族的道德重建、共建社会和谐与繁荣作出应有的贡献。

2008年4月24日湖北省素质教育研究会筹备会现场

2008年4月24日章开沅在湖北省素质教育研究会成立大会上讲话

# 章开沅先生"纪念五四·超越五四"人文讲座暨首届"开沅杯"文化节开幕

2008 年 5 月 4 日下午，章开沅先生"纪念五四·超越五四"人文讲座暨首届"开沅杯"文化节开幕式隆重举行。历史文化学院院长王玉德教授、学工部副部长王中以及学校相关职能部门领导和各院系代表出席。在开幕式上，章开沅和王玉德亲自为徽标揭幕。章开沅先生亲笔题写"根深才能叶茂"六字赠与历史文化学院，他将"根深叶茂"的成语中加进了"才能"就使这句话具有了更深的人生哲理，也是章先生的人生写照。他以这六个字与师生共勉。在随后进行的题为"纪念五四·超越五四"的讲座中，自谦为"历史过客"的他给在座带来了一场"五四"精神的思想盛宴。讲座中他回顾了五四运动，并详细介绍了"五四"精神的内涵。"'五四'是属于我的，也是属于你们青年的。"要汲取"五四"文化的乳汁。

## 我乃"五四"之子

"我的父母是在 1918 年结的婚，他们是属于'五四'的一代人。在肉体上，我就是'五四'之子。"章开沅先生谈起自己与"五四"的"不解之缘"，生长在"五四"新浪潮的余波之中，章先生坦言"五四"文化对自己的影响不小："父母的书架上多是'五四'时期的书，我从小就耳濡目染，在精神上也对'五四'有着特殊的感情。""五四"的进步思想对他有着根深蒂固的影响，"爱国、民主和科学的'五四'思想一直伴我一生"。

## "五四"盛况 在于思想解放

章开沅先生指出，中国历史上百家争鸣的现象仅仅出现过两次，即春秋战国时期的"百家争鸣"和五四运动。"'五四'那么恶劣的环境下能出现如此繁荣之景的原因就是思想解放！"当今社会同样也是提倡思想解放的时期，且经济繁荣，但却未能再现百家争鸣之势，章先生认为这是文化惰性所导致的恶果："很多下层干部在解放思想上叶公好龙，无法真正做到自我解放。对'五四'繁荣盛世的追求只能铩羽而归。"同时指出，青年人不能因此放弃

“五四”精神的学习。

在如何做到解放思想上，章先生提出了两个不应该。一是不应该遇到问题就推到文化传统上，“这是没有出息的子孙的表现”，我们的祖宗给我们留下了很多宝贵的精神财富；二是五四运动并不完美，对与错并非绝对。“不能说敌人支持的我们就反对，人家还重视环保，莫非我们也反对?”

“五四”已经过去，今天除了从中学习可取之处外，更应该设法超越。章先生指出，现在的科学较之前已有长足的进步，“五四”并非不可逾越的高峰，是能够、应该、必然会被超越的。当今社会正是崇尚言论自由、思想解放的社会，是超越前史的好时期。章先生同时也提醒道：“虽是时机，但也不乏危机。例如一些将现今遇到的问题都归咎于传统文化的行为就是过激的，历史绝不完美，只有正确对待和积极学习其先进的部分才能助我们超越从前。”历史总是反反复复的，没有一条通往光明的平坦大道，旧的黑暗消除了，新的黑暗又产生了。章先生最后鼓励青年人应自勉自励，要在任重而道远的进取道路上坚持努力，不断奋进。

章开沅亲笔题写“根深才能叶茂”六字赠与历史文化学院

精彩的演讲

章开沅先生“纪念五四·超越五四”人文讲座暨“开沅杯”文化节启动仪式现场

2008年5月4日章开沅作完“纪念五四·超越五四”人文讲座后，与摄影组学生记者：徐文君（左一）、韩倩（左三）、田丰（右一）合影

# 观看哈丁合唱团和天空合唱团联袂演出

与演职人员合影

观看哈丁合唱团和天空合唱团联袂演出

## 章开沅“学习实践科学发展观　坚守学术道德”报告会举行

2009 年 3 月 26 日，章开沅教授“学习实践科学发展观 坚守学术道德”报告会在科学会堂举行。校长马敏、副校长杨宗凯、校党委副书记谢守成出席。研究生处、学工部等负责人，各院系研究生、本科生党员代表 400 余人参加了报告会。

给研究生作报告

研究生向章先生献花

# 出席国际文化园博雅会议中心揭牌仪式

2009 年 12 月 25 日参加国际文化园博雅会议中心揭牌仪式

# 林木深处觅绿魂

章开沅

华中师大七号楼下，笛箫亭边，梅园一隅，草地上默默躺着一块石碑。石碑正面赫然镌刻“绿魂”二字，可惜未设碑座，加以林荫甚浓，背面的碑记文字已非我的目力所能辨认。

但我一眼就可以看出，这是原绿化组姚水印老师傅永远的栖息地。

提起姚师傅，当年在桂子山真是无人不知无人不晓，就连在武汉市也小小有点名气。姚师傅来自河南鄢陵，而鄢陵姚氏乃是一个历史悠久的园林世家，据说祖上曾到洛阳为武则天侍弄过牡丹。正如姚水印师傅为华师园林立下汗马功劳一样，武汉市许多公园景点也曾留下鄢陵姚氏后裔的心血与业绩。

桂子山本来是一座荒山秃岭，1956 年 9 月新校舍第一期工程竣工，中文、历史、教育、政治四系首批迁来时，依然是草木稀疏，瘠土裸露，周边相当荒凉。但经过一代又一代华师人的不懈努力，桂子山终于逐渐由荒变绿，终于成为绿化面积高达 70%以上的全国绿化先进单位。林木森森，芳草如茵，丘陵起伏，曲径通幽，乃是几代华师人铸就的桂子山美学诠释。

我爱桂子山，因此我特别敬重园林工，历届的华师领导内心都怀有对他们深挚的敬意。

但是说来惭愧．由于平时忙于教学、科研，政治运动一来又困于应对批评与检讨，有时还要被发配到外地荒僻农场接受再教育，所以我与绿化组职工一向很少接触。直到“文化大革命”初期被关进“牛棚”，除经常接受批斗外，还被勒令与其他“牛鬼蛇神”一起参加绿化组劳动，这才与他们朝夕相处。在盛暑烈日下，我们一起除草施肥，挑水抗旱，默默地为维护这满山绿荫而辛勤劳作。我们以汗水洗去羞辱，在珍惜草木生命之中重新发现自己的生命价值，乃至恢复人性尊严。绿化组职工对我们从未以恶言相加，始终是平等相待，善意慰解。大家在艰苦的劳动中相知渐深，结成深厚友谊。也许是不大恰当的比喻，在“文化大革命”的狂风急浪中，绿化组仿佛是我们的一个小小避风港，在这里可以享受暂时的宁静，缓解若干内心隐痛。

1984 年谬膺校职以后，总想对绿化组表达若干敬意，其他校领导，特别是先后主管过后勤战线的副校长，也都是人同此心，心同此理。于是经集体研究决定，首先对年长而又德高望重的姚水印师傅给以表彰和奖励，因为武汉市历届花展中华师的优异表现早已有口皆碑。大约是在 1986 年初，我校被授予武汉市绿化红旗单位，于是校领导为姚师傅祝贺六十大寿，并且由生物系特聘为园艺学讲师，借此也充分肯定了整个绿化组职工的辛勤劳绩。

我在校长任内，念念不忘总想为过世的后勤老职工留点纪念性标志，但人事天心两相违，直到 1990 年夏去国经年，此愿始终未能实现，内心深觉遗憾。凑巧最近参加省委宣传部召开的一个小会，会后有位年轻人握紧我的手，深情地说："老校长，还记得您曾为我外公做过六十大寿吗？"原来 20 年前学校为照顾多年单身独居的姚师傅生活，把他的女儿从河南调来，如今他的女儿的女儿竟已参加工作了。我再一次感到岁月如歌，岁月如梭。

几经周折，我终于找到华师绿化委员会为姚师傅立的石碑，下面埋着他的骨灰，"绿魂"二字精炼地概括了老人平凡而又伟大的一生！

"良辰美景奈何天，伤心乐事谁家院？"远远隐约传来白先勇等改编的《牡丹亭》昆曲新腔，使我复又想起来自牡丹故乡的园林先驱者。年青一代的桂子山人，愿你们在课余饭后，也去梅园探访绿魂。

(原文刊载于《中国绿色画报》2010 年 12 期)

在"绿魂"前留影

章开沅奖学金启动仪式与会人员合影

## 章开沅奖学金启动仪式举行

2011 年 6 月 23 日下午，章开沅奖学金启动仪式在我校行政楼一楼会议室举行。著名历史学家、老校长章开沅，校长马敏，副校长杨宗凯，校党委副书记谢守成，章开沅东西方文化交流学术基金管理委员会委员和研究生院的领导出席了启动仪式，并为第一届“章开沅奖学金”获得者颁奖。

校长助理、学校办主任林更茂主持该仪式。仪式上，谢守成宣读了《关于刘来兵等 19 名研究生获 2011 年章开沅奖学金的通知》。章开沅说：“我很高兴又见到这些朝气蓬勃的年轻面孔，感谢我的同事，为这个基金付出的努力。”他对获奖学生提出了两点希望：一是要多用心想，所谓心想事成，是有“心想”，才能“事成”；二是要清清白白做人，踏踏实实做事。一等奖获得者、历史文化学院博士生赵国壮代表获奖研究生发言。他说：“作为首届‘章开沅奖学金’的受益者，我一定秉承章先生的治学精神，再接再厉，为‘章门’争光，为母校添彩。”杨宗凯表示，章开沅先生为我校的建设和发展、为国家历史学科的发展作出了重大贡献。

最后，参加该次仪式的全体人员进行了合影留念。

# 各界关爱

德高望重的章开沅教授由于对学校、对社会作出了重大贡献，得到了社会的广泛赞誉和关爱。这一部分记录的是每年春节、教师节期间湖北省领导、学校领导慰问章开沅先生，以及章开沅教授的学生看望章开沅先生的情况。这部分还记录了章开沅先生获得的荣誉，如受聘为学校资深教授；获得教学50周年荣誉证书；在新中国成立60周年功勋湖北100人评选中入选"新中国成立以来感动荆楚人物"；荣获湖北省委授予的首批"荆楚社科名家"荣誉等。

左起：章开沅、辜胜阻、何根法、章默英

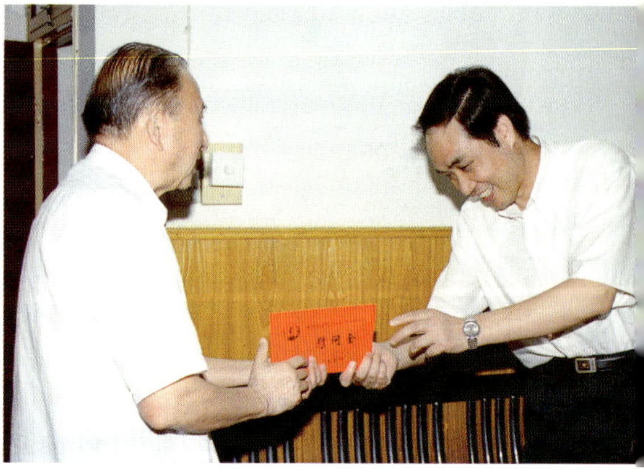

辜胜阻向章开沅先生发送慰问金

## 教师节前夕省领导慰问我校老领导和老教师

2003 年 9 月 9 日上午，副省长辜胜阻、省政府秘书长何根法、教育厅党组副书记章默英等领导来我校，对我校老领导和老教授进行了慰问。

辜胜阻一行来到我校北区博导楼，慰问了我校老校长章开沅教授，询问了章教授近期的科研状况。章教授简略地介绍了近期的科研情况和校庆期间准备开展的活动。最后，省领导向章教授发送了慰问金。

2004 年 9 月 10 日在第二十个教师节来临之际学校授予章开沅教学 50 周年荣誉证书

2003 年 9 月 10 日丁烈云、马敏代表学校聘任章开沅为学校资深教授

2005 年 10 月 15 日陶宏开看望章开沅教授

2005 年 11 月 9 日本科教学评估专家陈春声看望章开沅先生

2008 年春节期间丁烈云看望章开沅先生

2008 年 9 月 8 日教师节前夕，何祥林等代表学校看望章开沅先生

2009 年春节，何祥林代表学校给章开沅先生拜年

2009 年教师节前夕，丁烈云等校领导看望教师代表章开沅先生

2009 年 9 月 8 日—9 日，在第 25 个教师节来临之际，为感谢我校教职工们的辛勤工作，校党委书记丁烈云等校领导看望了教师代表章开沅先生，表达了他们对全校教职工的慰问。校领导表示感谢教师们对学校作出的贡献，并送上了鲜花及慰问金。看望时，丁烈云等校领导与章开沅先生亲切交谈，就学科建设、人才培养等问题进行了交流，并互换意见。

以日全食为背景留影

## 章开沅在丁烈云、马敏陪同下观看“世纪日食”

2009 年 7 月 22 日，500 年一遇的日全食如期而遇，这次日全食的观测沿长江流域设立了上海、武汉、重庆三个一级观测点，我校九号楼顶被确立为国家天文台联合各地天文机构建立的虚拟天文台及武汉电视直播点的观景平台。章开沅先生在丁烈云书记、马敏校长的陪同下，在九号楼的观景平台一睹“世纪日食”的奇观。

用天文望远镜观看日食现象

佩戴专门的日食观测眼镜观看日食

日全食出现了真正的“黑夜现象”

天边出现了一片“晚霞”

## 章开沅入选“新中国成立以来感动荆楚人物”

2009 年 9 月 21 日章开沅先生出席“功勋湖北 100 人“颁奖典礼后与夫人在展览前留影

荣誉证书

章开沅同志：

在中共湖北省委宣传部、湖北省委党史研究室、湖北日报传媒集团主办，楚天都市报和荆楚网承办的“新中国成立60年，功勋湖北100人”大型评选活动中，经432万余名荆楚群众票选并经专家评审，您光荣入选“新中国成立以来感动荆楚人物”，特发此证。

中共湖北省委宣传部　中共湖北省委党史研究室　湖北日报传媒集团

2009年9月

“功勋湖北 100 人”荣誉证

# 校领导看望章开沅

2010年3月12日下午，校党委书记丁烈云、副书记何祥林到新落成的国际文化交流园区一号楼6楼中国近现代史研究所看望了老校长、资深教授章开沅先生。章开沅笑着说，现在的办公环境得到很大改善，条件很好，可能比你们书记的都好啊。丁烈云说，你们资深教授的研究用房是不受限制的，应该提供好的条件，行政办公用房是要限制的。章开沅说，我们要以感恩的心情努力工作。

2010年丁烈云、何祥林看望章开沅

2010年教师节马敏、何祥林慰问章开沅

# 珠海特区宣传部长黄晓东一行看望章开沅

2010 年 1 月 7 日黄晓东把自己的著作赠给章开沅

章开沅与珠海特区宣传部部长黄晓东一行合影留念

# 离退休工作处组织老干部、老教授踏青

2010 年 3 月 19 日，我校近 90 位老干部、老教授在学校离退休工作处的组织下来到位于南湖之滨的华中农业大学，参观标本馆、二十四节气园，观赏桃花、油菜花，走出庭院尽情感受狮子山的翠色。

曾为华师立下过汗马功劳的老教授、老干部们大多已年过花甲，但斑白的两鬓遮不住他们眼神中透出的智慧，岁月的沧桑也挡不住他们乐观的心态，每到一处总是有说有笑一起留影拍照，好开心。大多数老干部都很乐意参加这样的春游活动，趁着春光明媚出来看看花、赏赏景，还能会会老朋友。老干处的工作人员也热情地表示愿意为老同志服务。

2010 年 3 月 19 日离退休工作处的领导与老校领导合影

# 湖北媒体采访章开沅

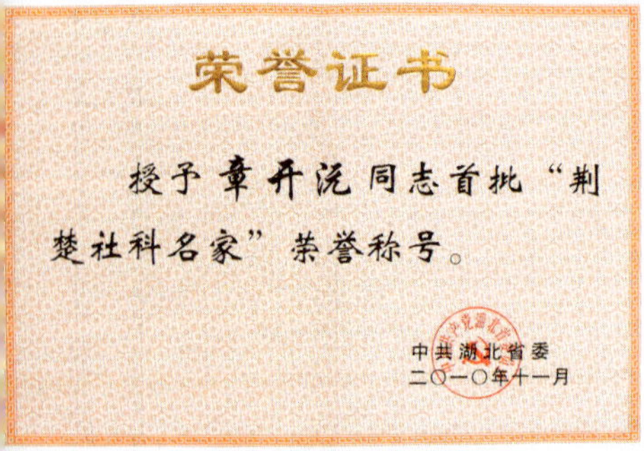


2010 年 11 月湖北省委授予章开沅首批“荆楚社科名家” 荣誉证

2011 年 4 月 8 日，在省委宣传部统一部署下，湖北日报、湖北卫视、湖北人民广播电台、楚天都市报、湖北社会科学报等媒体集中采访了首届荆楚社科名家。

2010 年，湖北省委评选表彰了首批 13 名“荆楚社科名家”。我校章开沅教授和邢福义教授当选。省委决定，今后将每两年组织一次“荆楚社科名家”评选表彰活动，致力打造一批国内外有影响力的学术领军人物。

为了进一步彰显湖北社科大省实力，扩大全省知名专家学者的社会影响力，为湖北经济社会发展提供强有力的理论指导、精神动力和智力支持，省委宣传部决定大力宣传首届荆楚社科名家的治学精神、学术成就和人格魅力。

2011 年 4 月 8 日，全省主要媒体走进我校，首先采访了荆楚社科名家章开沅先生。他回答了记者的提问，介绍了自己的学术研究、人才培养和社会服务情况。

2011 年 4 月 8 日湖北媒体采访章开沅

杨宗凯、王恩科看望章开沅

## 纪念新中国学位条例实施三十周年<br>校领导看望国评博导章开沅

2011 年 4 月 19 日至 20 日，为纪念我国学位条例实施三十周年，副校长杨宗凯、研究生院（筹）院长王恩科及相关人员代表学校看望慰问了我校仍然健在的 6 名国评博导（即国务院学术委员会特批的博士生导师）：章开沅、邢福义、熊铁基、陈曲侯、杨宏禹、李家荣。

4 月 20 日，杨宗凯一行来到中国近代史研究所，看望刚从韩国讲学归来的章开沅教授。杨宗凯说道，学校今天的新面貌在很大程度上要归功于章开沅先生等老一辈打下的坚实的基础。章开沅则提到学科建设是学校发展的生命线，希望学校能够进一步加强学科建设，进一步推进学校的学位与研究生教育的发展。

此次慰问是我校庆祝《中华人民共和国学位条例》系列活动之一。

# 辛亥百年

# 系列活动

# 章开沅先生与辛亥百年

严昌洪

“百年难遇，难遇百年。”这是章开沅先生早两年常说的一句话，意在勉励大家为迎接难得一遇的辛亥革命一百周年纪念积极做好准备。自2001年举行纪念辛亥革命九十周年国际学术讨论会起，近代史学界很多高龄学者都有“百年”情结，希望能在有生之年参与辛亥革命百年纪念。对于研究辛亥革命几近六十年的章先生来说，能遇到辛亥百年自然更是一种幸运、一种幸福。这两年他常告诫自己，也提醒他人，他需要减少活动，“休养生息”，以便能以健康的身体、饱满的精神、愉快的心情来迎接这百年一遇的机缘。

然而随着辛亥百年的一天天临近，他不但没有能够减少活动，反而比以前更为忙碌。他原来打算“告别革命”，以便有更多的时间和精力从事基督教与东西方文化交流课题的研究，现在他感叹“无法告别革命”了。还在2011年初，他就调侃地诉苦说“辛亥百年还没有到，我已被消费得差不多了”，就像重大赛事正式开始前，热身赛已经把主要运动员的体力消耗大半一样。他一再提醒人们，纪念活动不能热过头，不能办成全民狂欢式的“嘉年华”，要扎扎实实地办一些实事，如深入进行学术研究、加强遗址遗迹保护、抓紧纪念设施建设、做好文物征集工作、开展历史知识普及活动等。在现代城市建设中发扬辛亥革命精神，不仅要敢为人先，还要善为人先；不仅要讲“第一枪”，还要讲“第一步”。

进入2011年，社会各界纪念辛亥百年的热情与日俱增，章开沅先生不断地被邀请出席国内外各种重要学术会议：从武汉到香港，从东京到新加坡；不断地被邀请到各地对各种人群演讲：从北京到广州，从副部级以上领导干部到高校莘莘学子；不断地接受海内外媒体采访：从央视到《长江日报》，从香港凤凰卫视到日本NHK电视台；不断地为一些单位题词：从“首义中学”到“辛亥纪念园”，从湖南常德宋教仁研究会到日本华人教授会议；不断地出席各种论证会：从辛亥革命博物馆展览方案到“鄂军都督府”的复原陈列，从辛亥革命题材的动漫设计到影视作品的创作；不断地为各种辛亥革命出版物作序撰文：从辛亥革命研究中心组编的《辛亥革命史事长编》到台湾辛亥武昌首义同志会编辑的《为天下先》纪念文集，从武汉市地方志办公室编纂的“十二五”国家重点图书规划项目《中国红》到中国宋庆龄基金会研究中心编的《宫崎滔天家藏——来自日本的中国革命文献》；不断地接待有关人士的来访：从日韩学者到中国港台同胞，从辛亥志士后裔到辛亥历史爱好者；不断地应邀作为学者代表出席各种纪念活动：从辛亥革命历史文化大学生辩论赛颁奖到湖北省辛亥革命一百周年纪念活动总结表彰座谈会，从清明祭祀辛亥先烈仪式到辛亥功臣蒋作宾纪念专辑的首发式；更重要的是，他不断地对各种纪念活动进行指导：从省市辛亥百年纪念方案的策划到具有权威性和影响力的“辛亥革命网”的建设，从本校本所的大型《辛亥革命百年纪念文库》的编纂出版到纪念辛亥革命一百周年国际学术研讨会在汉举行……以上活动无不渗透着章先生的心血与智慧。

在湖北省纪念活动总结表彰座谈会上，章先生为自己虽然如此被“消费”但身体尚健康、精神很饱满、心情更愉快而“炫耀”了一番，赢得在座省市领导和各方代表热烈的掌声。章开沅先生不仅是这样一位乐观、开朗的老人，还是一位谦逊的学者，他为辛亥革命纪念和研究做了那么多的事情，作出那么大的贡献，当有人在媒体上称他为“辛亥革命研究第一人”时，他给华中师大校报写信，申明“实话实说——我不是辛亥革命研究第一人”。在信中，章先生以一个历史学家的严谨态度，详细介绍了辛亥革命研究史，说明自己并非是第一位辛亥革命研究者。他说：“我感谢辛亥百年期间各界人士对我的关切，包括鼓励也包括批评。我历来反对溢美，摒弃夸张，深恶以大言欺世。但世风日趋浮躁，动辄以‘第一’相夸。我不幸也被‘第一’，距离事实太远，如果继续沉默就等于是承认，所以不能不实话实说，作以上必要说明。”他的这一表态，对浮躁的学风无疑是一记棒喝，在舆论界又受到热议，影响广泛。

在辛亥百年纪念前后，章先生撰写的文字、发表的演讲、对媒体的谈话，与以前比较，似乎是述多作少。即对于辛亥革命的具体史实，因精力和时间有限，较少进行系统论述，主要是对自己从事辛亥革命研究经历的回顾，对国内外辛亥革命研究史的总结，对过去一个世纪辛亥革命研究的反思，对今后一个世纪辛亥革命研究前景的展望。

他讲得较多的一个话题就是“三个一百年”，即纪念辛亥革命，要看三个“一百年”。这三个“一百年”即辛亥革命之前的一百年，辛亥革命以来的一百年，以及放眼今后的一百年。他指出，辛亥革命是前一百年中国历史发展的一个结果。百年锐于千载的工业革命后，西方文明在政治体制、经济发展以及民生方面均存在顽疾，孙中山诸如“三民主义”、“五权宪法”等思想是吸纳、借鉴西方文明优点的基础上提出来的，这一百年的历史，国内学界目前没有进行充分研究。再者为辛亥革命后的一百年，这一百年无论中国还是世界都发生巨变。这个时代重大的事件我们有研究也有缺漏，而我们现在的研究太过具体。研究应更超脱一些，不仅研究中国，而且要研究同一时代其他国家的情况。此外，孙中山与辛亥革命的历史遗产是什么，如何对待这些遗产，这都值得史学工作者加以研究。辛亥革命一百周年即将过去，进入第三个“一百年”后，世界是个什么世界？人类文明存在什么问题？怎么掌握今后人类文明的命运？物极必反，否极泰来，现在科技发展迅速，但工业再发达也无法解决人文精神的流失，而光靠科技是无法解决人的方向、道路问题的。这需要我们深入思考。在这样的大背景下来认识孙中山，来认识辛亥革命，再来认识孙中山以及辛亥革命的遗产与中国未来的关系，将会变得更有意义。

他还就如何正确看待孙中山的功过是非，如何正确评价辛亥革命的成败得失等重大问题，发表了高屋建瓴、发人深省的看法。根据他关于“参与史学”的理论，他一贯提倡历史学家要有参与意识，史学应该参与现实生活；主张通过对历史生活的参与，对历史遗产的盘点、总结，从历史中寻求智慧，用这种智慧对一系列有关中国和世界前途的问题进行深沉思考，从而参与历史的创造。他本人的学术研究总是选择那些既有学术价值又有现实意义的课题，力图对现实问题有所关照。他积极参与社会活动，不仅跟古人对话，也跟今人对话。他在参与现实的时候，保持着独立的学科品格和独立的个体人格，通过独立思考和独立追求，最终形成自己独特的学术风格，给后人以有益的启迪。章开沅先生在辛亥百年的所思所说所写所作，正是他“参与史学”理论的又一次成功的实践。

# 为辛亥革命百年纪念筹备
# 省人大副主任刘友凡来校调研

2010 年 3 月 8 日，省人大副主任刘友凡一行来校调研辛亥革命一百周年纪念筹备工作。省人大常委、法制委员会副主任吴剑民、栾丽娜，省文物局副局长黎朝斌，省文物局综合处处长邢光，省人大常委会法规工作室办公室主任孙晓咏，辛亥革命武昌起义纪念馆馆长梁华平陪同调研。我校老校长章开沅先生，校长马敏，历史文化学院院长彭南生，中国近代史研究所所长朱英，中国近代史研究所严昌洪教授、罗福惠教授等与会并先后作了汇报。校长助理、学校办主任林更茂，党委宣传部部长郭红霞参加。

章开沅先生说，湖北省武汉市非常重视辛亥革命百年纪念活动的筹备工作，很多方面落到了实处。辛亥革命一百周年，武汉是最好的纪念场所。两岸在武汉共同庆祝辛亥革命一百周年具有深远的意义。辛亥革命百年，是武汉、湖北百年难遇的一个机会。“在武汉举办纪念辛亥革命一百周年，前两年我是持有保留态度的，但是最近以来台湾方面要求在武汉举办纪念活动的呼声越来越强烈，我转变了态度，现在我很支持在武汉举办辛亥革命百年纪念活动。”章开沅说，在武汉举办，对促进两岸的关系向前发展是一个很好的机遇。1961 年开始，辛亥革命学术研讨会就在武汉召开，其后历年都在武汉。1981 年起，辛亥革命国际研讨会在武汉召开，之后都是如此。只要在武汉召开，国际学者都会来。这是武汉的优势，软实力。另外，武汉还有硬实力，辛亥革命红楼旧址保护得很好，这是不可代替的。共和国的雏形就在红楼诞生。章开沅说，辛亥革命一百周年纪念活动在武汉举办，我们还有很多迫切的工作要做，至少不要变成一个堵城，到处是灰，连一片蓝天都看不见。虽然政府准备投入很多资金，但要多做少说，勤俭办会，不该花的钱不花，能少花的钱少花，但该花的钱要花。博物馆办展览现在最缺的是实物，因此政府要把征集辛亥革命文物作为一个重要工作来抓。此外，纪念活动还要跟学术研究结合起来，这是武汉纪念辛亥革命百年的软实力，政府要舍得投入。在学术研究方面，华师的准备很充足。

调研会现场

朱英介绍了中国近代史研究所的辛亥革命学术研究筹备情况。他说，一直以来，研究所积极参与省市有关辛亥革命的工作，为社会服务，提供各种咨询报告。为了迎接辛亥革命一百周年的到来，研究所计划与学校出版社联合推出《辛亥革命纪念百年文库》。文库将由三个系列构成，这三个系列预计总共有 40 本左右，1800 万字。

严昌洪介绍了湖北省辛亥革命研究中心的情况。前两年中心完成了 5 个有关武昌首义历史文化资源建设的课题，为了迎接辛亥革命一百周年，严昌洪教授正在主持编写 500 万字十卷本的《辛亥革命史事长编》。

罗福惠介绍了“辛亥革命的百年记忆与阐释”的研究情况。这一课题将由四个子课题组成：政府、党派纪念辛亥革命文献的整理与研究；民间组织与社会大众对辛亥革命的纪念与认知；对海内外辛亥革命阐释的学术进程及学派的再认识；纪念空间与辛亥革命百年记忆。该课题将形成四卷本的巨著，献给辛亥革命一百周年。

彭南生介绍了历史文化学院计划在湖北省大学生中开展辛亥革命宣讲活动，以此加强近代史教育和爱国主义教育。

马敏说，对华师而言，辛亥革命百年纪念是很大的一件事，学校将积极支持配合省市开展纪念活动。目前，学校计划进行的相关学术活动，由于经费比较缺乏，有些没有落实到位，希望政府有关部门给予支持。马敏介绍了还需要政府支持的几项学术活动，比如文物数字化、动漫制作、高峰论坛等。

听完专家介绍后，刘友凡说，华师是百年名校，辛亥革命研究又是其学术研究中的强项，作出了很大贡献。专家们提出了很多很好的意见，很受启发。辛亥革命百年纪念是中华民族的一件大事。百年以前的湖北与百年以后的湖北，百年以前的中国与百年以后的中国，可以说都与辛亥革命有关。百年首义纪念，对湖北、对国家来说意义非常重大。就像章老所说，办会要务实，不能放空炮。历史研究是理论的，也是实践的。研究过去的历史就是为了把今天的事情做好。研究历史可以认识昨天，干好今天，谋划明天。武昌首义是开天辟地的大事，是中国近现代历史一个崭新的起点。对于纪念活动，省委省政府高度重视，各项工作正在紧锣密鼓地进行。方方面面都有很大的期待，对我们来说是很好的机遇，也是很好的检验。

刘友凡指出，武昌有红楼旧址，华师有章老开创的辛亥革命研究中心，我们硬件、软件都是最好的，在武汉举办纪念活动，我们当仁不让。专家们提出了这几件重要事情：一是体制问题，二是文物征集问题，三是学术活动，四是高峰论坛。这些事情都非常重要，专家们提得很好，华师的工作做得也很好。下一步华师能够把没有解决的问题列个清单，我们人大督促有关部门尽快解决。省市方面与华师一起共同努力，把纪念活动搞好。刘友凡最后感谢华师为辛亥革命百年所做的大量工作和巨大贡献。

章开沅发表自己的见解

2010年12月18日章开沅在办公室

2010年12月18日章开沅教授主持中国近代史研究所工作会议

# 首部辛亥革命动画电影项目论证会暨剧本研讨会召开

2010年5月5日，首部以辛亥革命为题材的动漫电影《铁血首义少年》项目论证会暨剧本研讨会在我校中国近代史研究所召开。著名历史学家、老校长章开沅，校长马敏，辛亥革命史研究会秘书长严昌洪，武汉辛亥革命纪念馆馆长梁华平，著名儿童文学作家、湖北省作家协会副主席董宏猷，著名作家、湖北省作家协会原副主席刘富道等专家出席，湖北省广播电视局副局长曾婕，东湖高新区管委会副主任孙茜雯，湖北省委宣传部文艺处处长杜海波等领导与会。

为迎接辛亥革命100周年，弘扬辛亥首义志士"敢为天下先"的民族英雄精神，华中师范大学辛亥革命历史研究所、湖北作家协会、武汉作家协会动漫创作委员会、武汉数字媒体工程技术有限公司联合组建强有力的创作团队，筹备创意制作动画电影《铁血首义少年》（暂名），并在此基础上开发出大型网络游戏、文学漫画图书等衍生文化创意产品。以此弘扬民族爱国主义精神，提升武汉的城市形象，促进武汉市的文化创意产业向更高层次发展。

剧本创意及编剧杨文介绍了动画电影《铁血首义少年》的剧情和人物角色等。据杨文介绍，史诗性历史动画片《铁血首义少年》片长约90~100分钟，类型为历史、武打、枪战类。它是一部基于辛亥武昌首义真实历史背景之上，通过虚构的少年角色人物的成长经历和20世纪初湖北、武汉地区大批爱国的热血青年追随孙中山先生参加革命，最终成为"敢为天下先"、推翻皇权帝制的首义英雄的传奇故事为主要内容，以计算机2D、3D动画制作技术和视觉形象为表现手法，以全球华人和青少年为目标主体，具有丰富历史文化内涵、生动感人的故事情节，以及浓郁的民族特色和地域特色，并融知识性、趣味性、娱乐性、商业性于一体的史诗类历史动画片。

专家认为，辛亥革命是中国近代历史上具有划时代意义的重大历史事件。1911年在湖北、武汉地区由一群革命的热血青年和志士仁人率先发动的武昌首义，不仅推翻了腐朽没落的清王朝，结束了华夏两千多年的封建专制统治，开创了民主共和、民族复兴、产业革命的新纪元，为湖北武汉人民留下了一笔宝贵的精神财富和文化财富；同时也是海峡两岸及全世界所有华人、华侨共同的历史记忆与纪念。这些对于中华民族振兴和实现祖国统一，对于广大青少年的思想道德教育，都有着重大的现实意义。

专家指出，运用各种文艺形式宣传辛亥革命的伟大历史意义和精神是湖北人义不容辞的责任。利用青少年喜欢的动漫形式来表现辛亥革命历史题材，这是一个创举，本身就是辛亥革命“敢为天下先”精神的体现。湖北作家、高校专家和动漫公司联手创作，这是一个良好的开端，必定会产生积极的影响。

同时，专家也针对剧本存在的问题提出了修改意见。专家指出，动漫电影的定位要准确，创作者要解放思想，既要忠于历史，又要超越历史。作为一部文艺作品，不能拘泥于历史事实，承载过多的历史价值和现实意义，进而影响人物的塑造。作为反映辛亥革命历史题材的文艺作品，创作者还要跳出武汉、湖北的圈子，不能把眼光局限在武汉、湖北，要放开去写，少一些框框约束才能写出好作品。

研讨会由我校中国近代史研究所和湖北省作家协会少工委主办，武汉数字媒体工程技术有限公司承办。

在《铁血首义少年》项目论证暨剧本研讨会上发言

激情演讲

## 纪念辛亥革命100周年倒计时启动仪式暨开沅文化节开幕式

2010年10月11日下午，纪念辛亥革命100周年倒计时启动仪式暨第三届开沅文化节开幕式在逸夫国际会议中心召开。华中师范大学老校长、历史学家章开沅先生，校党委副书记何祥林，中国近代史研究所所长朱英，校党委宣传部部长郭红霞，历史文化学院院长彭南生出席此次开幕式。

章开沅先生首先致辞，用幽默的语言向同学们介绍自己的人生经历，强调学术必需的毅力以及坚忍不拔、几十年如一日学习工作的精神，并勉励同学们努力学习。最后，章先生更戏称自己身处“记者发布会”的困扰。

之后，何祥林副书记发表讲话，祝愿本次活动取得圆满成功。朱英教授随后作了题为“海峡两岸的辛亥革命史研究与学术交流”及“我校为辛亥革命100周年所做工作”的报告。最后，彭南生院长就开沅文化节的具体活动开展作了介绍，希望与在座同学共同努力，办好文化节。

章开沅受到同学们的热烈欢迎

2010 年 11 月 21 日章开沅出席孙中山与梅屋庄吉展开幕式并讲话

参观展览

2011 年 3 月 3 日章开沅对全国政协辛亥革命网的工作进行指导

2011 年 3 月 3 日章开沅接受楚天电台采访

2011年3月21日章开沅在新闻发布会上讲话

## 全国政协辛亥革命网“辛亥百年百期系列访谈”新闻发布会

2011年3月21日，全国政协辛亥革命网在华中师范大学逸夫国际会议中心举办“辛亥百年百期系列访谈”新闻发布会。辛亥革命网将联合多家媒体推出对辛亥专家、辛亥革命志士后裔等相关群体的访谈，从文物、遗址、史料等角度进行深度挖掘，将辛亥先烈的革命事迹和鲜为人知的辛亥故事推向海内外。

辛亥革命网首席顾问、著名历史学家章开沅先生指出，纪念辛亥革命百年是全国的大事情，是全球的大事情，日本等国家去年就举办了辛亥革命百年纪念活动，这说明辛亥革命在全世界都有巨大的影响。作为历史学者，我们要做加法研究，而不是全盘否定。对辛亥革命百年最好的纪念是反思和思考，一百年，我们要感恩、庆祝，但更要反思，总结历史经验教训，指导我们走向更加辉煌的未来。

辛亥革命志士后裔、熊秉坤之子熊辉发表感言说，辛亥革命网为辛亥志士后裔提供了一个讲述家庭辛亥故事、传播先辈事迹的窗口和促进后裔间相互交流的平台，为辛亥志士后裔办了一件大事、好事、实事。

辛亥百年百期系列访谈是全国政协辛亥革命网今年纪念活动的重头戏，由网站总编审、华中师范大学中国近现代史研究所严昌洪教授总体策划。严昌洪介绍说，百期系列访谈是口述历史，访谈对象主要是辛亥革命志士后裔、辛亥革命研究专家、政府官员、民间人士。访谈以文字、图片与视频相结合的形式呈现，追寻百年来的辛亥足迹，继承祖辈遗志，唤起人们对于民族发展的历史回顾，激发人们的爱国主义热情，从而更好地投身国家建设，为中华民族的伟大复兴而奋斗。

新华社、中央电视台、《湖北日报》、《长江日报》、荆楚网、汉网、凤凰网等十几家媒体应邀参加了新闻发布会。

# 章开沅就辛亥百年问题接待“敦煌之子”常嘉煌

2011年3月31日下午，章开沅教授在中国近代史研究所会见了应邀做客我校博雅大讲堂的敦煌艺术国际知名专家常嘉煌先生。

常嘉煌是专程向章先生请教辛亥革命问题的。当谈到发生在武汉的辛亥首义时，章开沅说，武昌起义创下了很多第一，譬如建立第一个共和形式的政权，颁布了第一部具有宪法性质的文件。“不要一再讲武昌起义打响了第一枪，第一枪只是第一步，还有很多第一，我们都要讲”，章开沅说。

值此辛亥百年之际，常嘉煌计划创作一幅辛亥革命题材的壁画，他的初步构想是借鉴敦煌风格，把各相关人物的头像集中在壁画中间，介绍辛亥革命事迹，这样既有敦煌艺术风格，又不乏新鲜内容。常嘉煌想请章开沅推荐一百位辛亥革命历史人物，作为壁画的主要刻画对象。章开沅听了很高兴，他非常支持常嘉煌的艺术构想和创作，“您尽可放心大胆地去做，现在很多人就是想得太多，什么都牵扯到政治，自己把自己的思想禁锢、束缚了”，章开沅说。常嘉煌还请教壁画创作好后放在哪里展出，章开沅建议说，“辛亥革命纪念馆老馆更好一些”。

当天下午，常嘉煌做客我校第九十期博雅大讲堂作了题为“传承——丝绸之路敦煌的过去、现在和未来”的精彩演讲。

章开沅接待“敦煌之子”常嘉煌现场

章开沅先生激情呐喊

## “百年锐于千载：辛亥革命百年反思”讲座

2011 年 5 月 6 日下午，章开沅老先生在我校科学会堂开展“百年锐于千载：辛亥革命百年反思”讲座。章先生用幽默风趣的语言，反思辛亥百年后的中国社会现状，尤其为中国大学教育担忧，他的演讲引起观众的叫好，令观众感动。

章开沅先生从三个方面讲述辛亥百年历程，他说道：“第一个吃螃蟹的人一定不是最优雅的。”赞扬孙中山是典型的世界公民，他敢为人先，是为中华民族的发展奋斗一生的优秀品质。“当前社会心态不正常，辛亥百年不能赶时髦。”章开沅还将我们的民族心态与日本人的心态对比，指出当代民众“经不住事”；章先生还发出“现代大学地位降落，千校一面，学生不自由”的惋惜感慨，呼吁中国大学教育改革，给学生更多自由的空间。

章开沅先生激情澎湃的演讲，使会场热闹非凡，在结束语时他呐喊到：“我很珍惜我的晚年，我要呐喊到底！”

讲座后为学生签名

接受学生赠送的素描像

# 辛亥革命与亚洲·东亚文化交涉学会第三届年会召开

2011年5月7日上午，“辛亥革命与亚洲·东亚文化交涉学会第三届年会”在华中师范大学逸夫国际会议中心召开。我校著名历史学家章开沅教授、校长马敏、副校长李向农等相关校领导以及来自中国、美国、日本、韩国和中国香港、中国台湾等国家和地区的相关专家学者60余人出席了此次会议。

马敏在此次会议中致辞，他说本届会议必将成为一次交流经验、增进了解与合作的盛会，也为我校提供了学习、交流沟通的机会；并表示愿同各位专家学者携手努力，进一步加强东亚文化交流研究，共同推动东亚文化交流和学术研究的不断发展进步。

会议上，章开沅教授作了题为“辛亥革命与亚洲的未来”的主题报告，美国加州大学圣地亚哥分校的周锡瑞先生以“Reconsidering the 1911 Revolution”为题发表了自己的见解。来自日、韩等国的专家学者也做了相关报告和演讲。

2011年5月7日辛亥革命与亚洲·东亚文化交涉学会第三届年会现场

章开沅做主题报告

辛亥革命与亚洲·东亚文化交涉学会第三届年会合影

# 章开沅接受媒体专访

2011年8月8日章开沅在黎元洪墓前接受中新社香港分社采访

2010年8月21日《辛亥革命》剧组采访章开沅

2011 年 9 月 11 日日本 NHK 电视台采访现场

## 日本 NHK 电视台采访章开沅先生

2011 年 9 月 11 日，围绕辛亥革命百年、孙中山与日本等话题，日本 NHK 电视台在中国近代史研究所采访了著名历史学家章开沅先生。

日本是孙中山一生最重要的革命活动地。“孙中山在日本上演了一幕悲壮的大剧”，章开沅说，1905 年，孙中山到日本后，有两个重要收获：一是成立了革命组织中国同盟会，二是受到日本朝野两方面的支持。为什么 1905 年孙中山要在日本组建成立中国同盟会？章开沅说，孙中山一直在寻求西方的支持，开始的重点是美国，后转向欧洲。1904 年到 1905 年间，他在欧洲做了最后的努力，没有得到支持。此外，欧美等国的华人华侨不是很关心革命，具有革命意识的留学生太少。因此，孙中山就到了日本。在日本他发现了一片新天地，有大批的留学生已经革命化了，他们急需要一个统一的组织领导革命。孙中山就成为大家一致拥护的革命领袖。

“孙中山是一个具有复杂性格的人”，章开沅说，他怀有革命理想，有时甚至是幻想，但他更多的是一个实践家。“我把他称为近代中国政治领袖中成为世界公民的第一人”，孙中山本身是华侨，一直在檀香山、伦敦等地学习研究。他了解西方，是具有宽阔视野的革命领导人，于是才提出了民主、民权、民生的三民主义。不过孙中山不是完人，也有缺点。历史上的伟大人物都有缺点，孔子也不是完人。历史学家就是要还原真实的孙中山，有缺点的孙中山才真实、可爱。

“今年初在香港举办的一个图片展上，我在一幅照片上看到了一个不一样的孙中山”，章开沅说。孙中山是一个人，但我们把他神化了，我们看到的孙中山的照片都是标准照，不像一个人，而是一个政治标签，要么是严肃的不苟言笑的表情，要么是忧郁的忧国忧民的表情。章开沅指出，怎么样看待一个政治领袖，就是要把他还原成人本来的面貌。在香港图片展上有一幅孙中山跟他两个女儿的照片，太好了，两个花季少女在父亲两侧，孙中山复活了，他的嘴唇张开了，眼睛里满是笑意，那是一幅充满着幸福感的照片。这就是孙中山，真实的孙中山，而不是作为政治标签的孙中山。

日本 NHK 电视台记者告诉章开沅，他们这次来中国做的是《辛亥革命：孙中山与日本》的专题节目，要在今年 11 月对日本民众播出，可能会引起很大的反响。记者问章开沅还有什么寄语或愿望对日本政府或民众说的。章开沅回答说：“我不知道日本人怎么看待我，但我很重视跟日本人的交往。”章开沅回忆了他与日本友人的交往并指出，在两千多年的历史中，中日友好是主流。中日之间的不愉快历史也不过百年，我们可以忘掉过去的恩恩怨怨，但关键是今后的路怎么走。章开沅希望中日永远友好下去，不要做一些相互伤害的事情。章开沅最近一直在提倡“新三国演义”，有两层含意：一是在亚洲范围内“三国”指的就是中日韩，在世界范围内“三国”指的就是中日美；二是两个“三国”不再发生战争，要和睦相处，共同发展，中日韩和睦相处亚洲就会和平，中日美和睦相处世界就会和平。三国以世界和平为重，要以民意为主导，这就是“新三国演义”，能为亚洲和世界带来希望与和平的“三国演义”。这也是亚洲人民之福、世界人民之福。

# 《朝日新闻》记者专访章开沅　谈辛亥百年之时代意义

2011 年 9 月 18 日，日本《朝日新闻》记者采访我校章开沅教授，章开沅从辛亥百年对中国的意义、辛亥精神、两岸关系等方面表达了自己的见解。

**阐释百年意义：精神不能缺失**

在谈及辛亥百年对于现代中国的意义时，章开沅指出，民族精神是最重要的。"辛亥百年是个很难得的机会，它的意义不只是事件本身，而是留下来的宝贵民族精神，是事件在人们心中留下的东西，改变了人们的思想观念"，章开沅说道。

章开沅认为，现代中国在很多方面受到西方的很大影响，当国门打开后，什么东西都进来了，西方市场经济的功利主义也随之传入，个人利益成为最大的驱动力。"重物质，轻精神"的现象日趋严重，民族传统文化被"切断"，比如信义、对民族的热爱、对祖国的关怀等精神层面退居次要的地位。他表示，中国正处于摸索建立一个中国式的市场经济的阶段，辛亥百年对当代中国意义重大。精神不可缺失，任何时候我们都不能丢掉精神、道德。

"现在很多中国大学生一毕业就想买一套房子，超前享受，不切实际，我现在穿的衣服都是很一般的牌子，不是什么世界大牌、名牌。年轻人追求物质享受无可厚非，但是不能太过了，不能忽视或丢掉对精神生活的追求。"章开沅以现实生活为例，强调精神层面的重要性。

**解读辛亥精神：要理性爱国**

章开沅指出，对祖国、民族的热爱是辛亥精神的首要意义。但同时，他强调理性爱国、独立思考才是其真正内涵。"现在可怕的是思想高度一致，什么都靠组织安排，青年大学生没有独立思考，这和计划经济没有什么区别。青年人需要独立思考的精神"，章开沅尖锐地批评道。

"现在自我主义思想严重。个人主义不可怕，可怕的是自我主义。个人主义与集体主义并不矛盾，集体主义是建立在个人接受一些先进思想的基础之上的，"章开沅说，"革命的内容很丰富，不只有国家体制，还有国民自己，不要把革命者看得太简单。革命者是很丰富的，比如林觉民，就是一个很可爱的革命者。”章开沅强调了个人思想的重要意义，并且指出：辛亥革命时期的国人是要从“奴隶”变成“国民”，那就要有自己的思想，完善自己。同样，现在的青年人要将自己从“奴隶”变成“国民”，也要有自己的独立思考、自己的精神、自己的头脑，要爱国，更要理性爱国。

章开沅也指出了辛亥革命的负面影响。他说，“革命”概念是从辛亥开始提出的，从那之后，人们将革命看成是社会进步的唯一手段，这是一种错误的观念。“民主和科学的思想在辛亥革命时期就提出来了，和平是最宝贵的”，他说道：“闹革命要流血牺牲，这是用很大的代价去换一个政治目的，我们要从中吸取经验教训。革命是手段，不是目的，不能将革命极端化。”

**畅谈两岸关系：欲速则不达**

纪念辛亥革命爆发100周年，在章开沅看来，只是一个促进和平的机会，并不能寄予辛亥百年太多的政治意义，我们不能期待太多。“辛亥100周年就是100周年，不要让它承载过多的政治任务”，他说道。

章开沅表示，中国大陆会开展多种活动来纪念辛亥百年，中国台湾方面也

2011年9月18日《朝日新闻》记者采访章开沅

2012 年 3 月 22 日在中国近代经济团体、社会群体验收报告会上与摄影组学生记者姚云合影

会用多种形式来纪念辛亥百年。“一些纪念活动会促进大陆与台湾的交流，但‘欲速则不达’，台湾问题的解决还需要耐心的等待。”他指出。

章开沅认为，台湾问题应以和平为重，世界各个国家地区的交往也应遵守和平原则。国共合作是有条件的，条件不成熟时提出合作是不合时宜的。早在 1979 年，章开沅就主张两岸先开展经济、文化、科技、教育等方面的交流与合作，政治的整合放到最后。“两岸交流要先易后难，采取一种渐进式的、和平友好的方式。”章开沅说，“现在好多了，两岸从经济突破，开展多方面的交流合作，这是明智的。”

他最后以“新三国演义”比喻东北亚地区的中日韩以及世界范围内的中美日三国之间的关系。他希望，无论是哪个范围内的三个国家，都应该寻求“最大公约数”，求同存异、共同合作、实现共赢。

2011 年 9 月 18 日《朝日新闻》采访章开沅现场与罗雪圆等学生记者合影

# 《大家》栏目组专访章开沅

2011 年 9 月 26 日央视记者采访章开沅

2011 年 9 月 26 日上午，中央电视台科教频道《大家》栏目组著名主持人许可在中国近代史研究所对话章开沅先生，畅谈章老一生不平凡的学术人生路和对史学的贡献。

85 岁高龄的章开沅先生精神矍铄，神情平和地面对镜头，回忆、畅谈了他从一名桀骜不驯的少年，成长为研究辛亥革命史“鼻祖”曲折而又丰富的人生历程。采访前，章开沅诙谐地称，他和历史学是包办婚姻，是“先结婚后恋爱”。记者即刻问及“您最初喜欢的是什么呢?”年轻时曾有过作家梦的章开沅不假思索地表示:“文学，我对文学有天然的爱好。”

采访中，章开沅深情又略显激动地回顾了他曾经怀揣着文学梦想、流浪于码头的“美好岁月”。回顾过去，章老表示，曾因情绪不稳定，付出了太多的代价，“太幼稚，但也有好的一面，就是爱读书”。《大家》栏目组重点就开拓辛亥革命史研究的心路历程和责任情怀这一话题对章开沅进行了采访。章老详细回顾了从最初研究著名实业家张謇到偶然得到机会研究辛亥革命史，再到第一本 120 万字的大型学术专著《辛亥革命史》出版、开辟商会研究的整个过程，还就如何看待辛亥革命在近代史的地位、影响，如何评价、纪念等，给出了自己的见解。随后，章老简单概述了晚年开辟中国教会大学史研究先河的心得和见解。

“治学不为媚时语，独寻真知启后人。”这是章开沅非常认可的一句话，也是他一生真实的写照。采访尾声，记者问章老:“您觉得历史学家最重要的品格是什么?”他坚定地回答说:“最重要的就是重视历史，尊重历史真相!”

辛亥革命百年纪念文库

校党委书记马敏在辛亥革命百年纪念文库首发式上讲话

# 《辛亥革命百年纪念文库》首发式暨辛亥革命百年系列纪念活动在我校举行

2011 年 10 月 8 日下午，华中师范大学辛亥革命百年纪念文库首发式暨辛亥革命杰出人物瓷画捐赠、辛亥革命百年影像展、书画展在学校图书馆总馆人文艺术教育中心举行。原教育部副部长章新胜、省人大副主任周洪宇、省文明办主任蒋南平、省新闻出版局副局长陈锋、陕西省文化发展研究中心主任惠怀杰及我校领导马敏、杨宗凯、吴晋生、黄永林出席，校相关职能部门及武汉大学、中南财经政法大学等高校史学专家、各院系学生代表参加首发仪式并观看影像、书画展览。

首发式由校长杨宗凯主持，校党委书记马敏致辞，周洪宇发表了重要讲话。在纪念文库首发式上，中国近代史研究所所长朱英、校出版社社长范军、武汉大学资深教授冯天瑜和李寿昆教授先后发言。

《辛亥革命百年纪念文库》由华中师范大学中国近代史研究所与华中师范大学出版社联合推出，著名历史学家章开沅教授担任总主编并作总序。《辛亥革命百年纪念文库》是中国史学界纪念辛亥革命百年的最重要科研成果之一，总计 30 种著作，34 分册，1500 余万字。该文库主要分为学术研究著作系列和以“辛亥人物文集”为主的资料系列，以及介绍和摘录辛亥革命时期报刊资料的近百万字《辛亥首义与时论思潮详录》。

新华社、《人民日报》、《光明日报》、《湖北日报》等 10 余家媒体记者与会采访报道。

# “辛亥革命一百周年纪念高峰座谈会”召开

2011 年 10 月 25 日下午，由韩国学术社团“亚洲论坛”和我校中国近代史研究所联合主办的“辛亥革命一百周年纪念高峰座谈会”在逸夫国际会议中心召开。座谈会由历史文化学院院长彭南生主持，来自韩国的 25 位专家学者及我校 10 余名学者出席了座谈会。

校党委书记马敏教授致欢迎辞。他简要介绍了华中师范大学作为辛亥革命史研究重镇所开展的一系列辛亥革命一百周年纪念活动的情况，尤其是“辛亥革命百年纪念文库”出版的学术意义。

韩国驻武汉总领事严基成在致辞中肯定了自建交以来，中韩两国所建立的友好合作的紧密关系，韩国与湖北在经济、文化、教育等方面的合作越来越密切。

作为中韩学术文化交流的先行者，章开沅先生简要回顾了与韩国著名历史学者闵斗基先生及李炳华先生的友好交往以及赴韩学术交流的起步和发展，愿双方能以此次座谈会为新的起点，共同推动中韩两国人民的全面合作，为中韩两国乃至整个亚洲、整个世界人民的和谐相处与幸福生活而携手努力。

开幕式后，韩国首尔数字大学政治行政学教授、前灵山大学校长郑千九和中国近代史研究所所长朱英分别作了题为“辛亥革命和东亚西亚的近代化”和“百年以来的辛亥革命历史叙事”的基调学术报告。座谈会综合讨论部分，韩国湖元大学宋在复教授作了题为“亚洲视野”的演讲，我校历史文化学院孙立祥教授作了题为“日本右翼势力的重新抬头与亚洲的未来”的演讲，韩国天主教大学孟光镐教授作了题为“中国韩国老龄的增长和医疗保险问题”的演讲，极东大学崔炳睦教授作了题为“三民主义和东亚的社会福利”的演讲。之后，参会各位专家学者就辛亥革命研究的相关问题进行了热烈讨论。

2011 年 10 月 25 日章开沅和夫人黄怀玉出席辛亥革命一百周年纪念高峰座谈会并发言

全体与会人员合影

2011 年 12 月 5 日
章开沅在座谈会上
与林治平亲切交谈

## 台湾宇宙光“辛亥百年史迹之旅”代表团访问我校

2011 年 12 月 5 日下午，台湾宇宙光“辛亥百年史迹之旅”代表团一行 20 人访问我校，著名历史学家、我校老校长章开沅教授会见了代表团并举行座谈会。我校近代史研究所和港澳台办相关人员出席了座谈，座谈会由校港澳台办主任王琍主持。

章开沅首先对代表团的来访表示热烈欢迎。他说，我校与宇宙光建立的联系可以追溯到 1994 年，此后宇宙光为我校与台湾中原大学的合作与交流作出了贡献。此次“辛亥百年史迹之旅”将我校作为在武汉访问期间重要的一站，给了我们接待老朋友的一个机会。章先生说，我校还有一个特色，黎元洪墓就坐落在我校校园内，这在大陆高校中也是比较罕见的。代表团团长、原台湾中原大学教授林治平表示，时隔多年重访华师，感到非常高兴。他说，他和章先生都是属虎的，可谓虎兄虎弟，能与章先生相聚实在荣幸。华中师范大学是辛亥革命研究的大本营，在辛亥革命百年纪念之际来访，意义非凡。他还说，代表团成员组成丰富，每个人对辛亥革命都有着浓厚的兴趣，希望借此机会与章先生以及近代史研究所的各位教授进行交流。

近代史研究所严昌洪教授详细介绍了武汉纪念辛亥革命一百周年的情况。据统计，今年在武汉举行的辛亥革命纪念活动超过 200 余项，其中包括 10 月 8 日湖北省暨武汉市纪念辛亥革命·武昌首义一百周年大会、10 月 10 日纪念辛亥革命一百周年缅怀英烈祭奠仪式在内的五项大型纪念活动。近代史研究所所长朱英教授向代表团详细介绍了研究所的发展史、辛亥革命研究情况以及其他研究重点。

与宋庆龄基金会一行亲切交谈

## 章开沅会见宋庆龄基金会一行

2011 年 12 月 8 日下午，在逸夫国际会议中心，我校老校长、著名历史学家章开沅在谢守成等校领导的陪同下会见了宋庆龄故居主任、原中国宋庆龄基金会研究中心常务副主任何大章一行，并与何大章、唐九红等宋庆龄基金会领导进行了座谈。

何大章一行此次到我校，为我校学子带来了一场名为“宋庆龄的人生抉择”的讲座。何大章从宋庆龄的特殊地位、家庭情况和个人志向以及她的两次人生抉择——分别选择了孙中山和共产党这四方面讲述了宋庆龄精神。他强调：“宋庆龄把共产党的胜利看成是孙中山的胜利。可以说，没有宋庆龄，共产党的胜利势必推迟。”

何大章用“爱国爱民，与时俱进”八个字概括了宋庆龄精神，并高度称赞了她以爱国为人生抉择的出发点，以爱民为一切行动的宗旨，和不断寻求与时俱进的态度。他还对学子们说，武汉是辛亥革命和宋庆龄精神的研究重镇，身为武汉的学生，我们应该感到无比的骄傲。

# 后　记

本书的成型和出版，最要感谢的是好友——中国近代史研究所的张建平先生。由于他在章开沅先生身边工作了十几年，对章先生非常敬重。用他的话说，在这十几年中，他切身地感受到章开沅先生的人格魅力和对华师赤忱的爱，以及为学校的发展所作出的巨大奉献。他希望我能够较全面地挖掘整理21世纪以来，章先生作为一名普通教师，为学校的发展和腾飞所做的工作，以教育感染更多的人。可以说本书如没有张建平先生的关心、支持、鼓励和指导，很难编撰出来。由于多次听取了张建平先生的建议，使本书的内容更为充实完整，没有留下什么遗憾。

开始萌发整理一本章开沅先生的图片资料的想法是因为每年整理学校的新闻照片档案，其中有一个子栏目是名师图库，在学校的知名教授中，章先生参加活动的内容相对丰富。在2005年本科教学评估期间，我们摄影组为教育部专家组成员每人做了一本工作集锦，因此也想为德高望重的章开沅教授做一本工作集锦。当时这本集锦时间跨度是6年，照片只有50~60幅，有限的文字只是对照片的注释。原本也没想到真要编撰一本书。当得到《鸿爪印雪——章开沅的老照片》后，把想要编辑一本章开沅工作集锦的想法告诉了张建平先生，只是想作为对章先生赠书的一个回敬。张建平看了我收集的资料后，支持我做这样一件有意义的事情。鼓励我编写一本图文并茂的书，争取正式出版。这才促使我经过考虑后，定位编著一本《纵浪大化中——21世纪章开沅在华师》的画卷。

第一稿于2008年寒假完成，交给张建平先生征求意见。为了慎重起见，他把文稿分别请中国近代史研究所全体老师审阅，老师们提出了不少宝贵意见。

第二稿修改后，又增加了一些内容，于2009年底完稿。再次征求张建平先生意见时，他给我提了一个更宝贵的建议：建议这本书截止时间定在 2011 年底。因为这一年是辛亥百年，从 2010 年到 2011 年有很多纪念活动，章先生参加的活动是少不了的，所涉及的内容非常丰富，希望我再坚持两年，把这本书做得更完美。在张建平先生的支持、鼓励和指导下，这本书的第三稿终于在 2011 年底完成。

张建平先生始终以策划者的姿态参与了这本书的编著，关注着这本书的进程，当得知这本书即将完成时，他又向有关领导汇报了这本书的情况以及编写过程，这才促成了这本书成为建校 110 周年的纪念项目而立项。

本书在编撰过程中得到学校党委书记马敏教授的支持和指导，感谢马敏书记在百忙中为本书撰写的序言。感谢黄晓玫副校长在本书立项、发行过程中所给予的支持和提出指导性意见。

还要感谢中国近代史研究所的老师们对我写这本书的指导和帮助。感谢严昌洪老师为本书中“辛亥百年”撰写综述。感谢刘丽老师为本书提供了珍贵照片和资料。

感谢宣传部领导及同事们的帮助和支持，尤其感谢党波涛老师对本书的最后修订。

2013 年 1 月 2 日张建平与章开沅在中国近代史研究所